NIEDERLANDE
Turnhout
erpen
Maaseik
Limburg
Hasselt
h-Brabant
Tongern
avre
abant
Waremme
Lüttich
Eupen
ELGIEN
Maas
Verviers
Lüttich
Huy
Namur
Spa
bre
Namur
Dinant
Marche-en-Famenne
DEUTSCH-
LAND
Bastogne
Luxembourg
Neufchâteau
LUXEMBURG
Arlon
Virton
Luxemburg

BELGIEN
LUXEMBURG

10 ABBILDUNGEN, 3 KARTEN

DIE DEUTSCHEN UND IHRE NACHBARN

MICHAEL ERBE

BELGIEN LUXEMBURG

C.H.BECK

HERAUSGEGEBEN VON
Helmut Schmidt und
Richard von Weizsäcker

HELMUT SCHMIDT
RICHARD VON WEIZSÄCKER

GELEITWORT

Zum ersten Mal seit vielen Jahrhunderten herrscht heute Frieden in Europa. Aus freiem Willen und ohne Zwang von außen haben wir uns als Nationen auf einen unumkehrbaren Weg gemacht, der weltweit ohne Beispiel ist. Im Jahre 1950 begann die europäische Integration zwischen sechs Ländern. Inzwischen hat sie sich zu einer Union von 27 Ländern entwickelt. Die Hälfte der Mitgliedsstaaten hat heute eine gemeinsame Währung.

Für Europa gab es auf diesem Weg große Erfolge und in Verbindung mit ihnen neue Schwierigkeiten. Immer mehr Länder suchten die Mitgliedschaft und wurden aufgenommen. Umso deutlicher wurde der dringende Bedarf nach gemeinsamer europäischer Handlungsfähigkeit, bis hin zum Fernziel einer gemeinsamen Außenpolitik. Zuletzt haben dies die Auseinandersetzungen um eine europäische Verfassung deutlich genug gezeigt.

Für eine weitsichtige politische Führung spielt das Bewusstsein der Bürger in unseren Ländern eine prägende Rolle. In Europa leben zahlreiche Völker mit ihrer zum Teil über tausendjährigen Geschichte. Sie haben vielfältige gemeinsame kulturelle und religiöse Wurzeln und sind zugleich durch eigenständige Sprachen und Heimatgefühle gekennzeichnet. Die Bildung eigener Nationen ist dabei zu einem Charakteristikum des europäischen Kontinents geworden.

Unsere Reihe «Die Deutschen und ihre Nachbarn» soll einen Beitrag dazu leisten, das Verständnis für die jeweiligen Nachbarländer in Europa zu vertiefen. Dies gilt vor allem für uns Deutsche, die wir neun unmittelbare Nachbarnationen haben, mit denen wir heute zum ersten Mal in unserer Geschichte zusammenleben, ohne uns gegenseitig zu bedrohen. Ein besseres Verständnis unserer Nachbarn hilft uns auch, uns selbst besser einzuschätzen, indem wir uns durch die Augen unserer Nachbarn betrachten und uns vergegenwärtigen, welche historischen Erfahrungen sie mit uns gemacht haben.

Es geht uns in unserer Reihe darum, der Leserschaft auf knappe und anschauliche Weise Einblick in Politik, Gesellschaft und Kultur der jeweiligen Nachbarländer zu geben. In ihren nationalen Besonderheiten wird dadurch auch ihr Verhältnis zu Deutschland besser verständlich. Es gilt, zu erkennen, was das nachbarliche Gemeinwesen ausmacht und in seinem Inneren zusammenhält, aber auch, welchen besonderen Herausforderungen es ausgesetzt ist. Dabei spielt die Geschichte eine besonders wichtige Rolle. Sie bedarf dort, wo sie Land und Leute bis heute nachhaltig prägt, der Erinnerung auch über die Landesgrenzen hinweg.

Es ist nicht das Ziel unserer Reihe, lexikalisches Grundwissen zur politischen Bildung zu vermitteln. Uns geht es vielmehr um lebendige Anschauung der Lebensverhältnisse bei den Nachbarn, auch um unsere Kenntnisse über das hinaus zu vertiefen, was wir auf vielerlei Reisen in uns aufnehmen. Es gilt, uns auch von mancherlei Vorurteilen untereinander zu befreien.

Wir freuen uns, dass hervorragend ausgewiesene Kenner für «Die Deutschen und ihre Nachbarn» zur Feder greifen und ihr in Jahrzehnten erworbenes Wissen weitergeben. Wir sind dankbar dafür, dass hier Publizisten und Wissenschaftler zusammenwirken und uns ihre unterschiedlichen Einsichten nahebringen. Gerade ihr persönlicher Blickwinkel erscheint uns besonders reizvoll.

Die Bände dieser Reihe zeigen uns, dass Europa weit davon entfernt ist, sich in eine Monokultur zu verwandeln. Es gilt, seine reichen historisch-kulturellen Ressourcen in unserem Jahrhundert für ein geeintes Europa politisch fruchtbar zu machen. Herausgeber und

Autoren verbindet die Überzeugung, dass der Weg zu einem wirklich handlungsfähigen und starken Europa nur durch vertiefte Kenntnisse über unsere europäischen Nachbarn und über uns selbst erfolgreich zurückgelegt werden kann.

VORBEMERKUNG

Im Folgenden geht es um ein Gebiet, das im Lauf der Geschichte verschieden benannt worden ist, so dass man leicht den Überblick darüber verliert, was mit den einzelnen Namen gemeint ist. Behandelt wird der südliche Teil des Großraums der sog. *Niederen Lande*, das heißt der Bereich der unteren Flussläufe von Rhein, Maas und Schelde. Die *Niederen Lande* entsprachen etwa dem Gebiet der heutigen Benelux-Länder, also der Königreiche Niederlande und Belgien sowie des Großherzogtums Luxemburg. Sie erstreckten sich einst auch auf den Nordostteil des modernen Frankreich, ja reichten teilweise bis ins heutige Westdeutschland, nach Nordrhein-Westfalen und Rheinland-Pfalz hinein. Die heutige Grenzziehung mit Frankreich und Deutschland erfolgte im Wesentlichen erst 1815.

In Abgrenzung vom modernen Königreich der Niederlande (ndl. inzwischen oft nur noch im Singular als *Nederland* bezeichnet) nennt man die früher größeren «niederen Lande» auf Niederländisch *De Lage Landen* und auf Englisch *The Low Countries*. Die deutsche Entsprechung lautet «Niederländischer Raum», verkürzt bisweilen für die Zeit bis zum Ende des 16. Jahrhunderts auch bloß «(alte) Niederlande» (frz.: *[Anciens] Pays-Bas*). Regiert wurde der «Niederländische Raum» bis 1477 von den Herzögen von Burgund, danach vom Haus Habsburg, seit 1556 von dessen spanischer Linie. Infolge des Aufstands gegen deren Herrschaft wurde er gegen Ende des 16. Jahrhunderts geteilt. Von dieser Zeit an sprach man von den «nördlichen» und den «südlichen Niederlanden». Erstere erklärten sich

1581 zur Republik, letztere verblieben als «Spanische Niederlande» bei den Habsburgern, fielen allerdings 1714 an deren österreichische Linie. Bis zu den französischen Revolutionskriegen hießen sie deshalb «Österreichische Niederlande». Zu ihnen gehörten die heutigen Staatsgebiete Belgiens und Luxemburgs.

Erschwert wird der Überblick über die verschiedenen Benennungen noch dadurch, dass das seit 1815 bestehende Königreich der Niederlande bis 1830 mit Belgien ein gemeinsames Königreich der «Vereinigten Niederlande» bildete, zu dem als Nebenland auch das damals noch wesentlich größere Luxemburg gehörte.

Auf die historischen Ursachen dieser Veränderungen wird in der Einleitung und in den ersten beiden Kapiteln näher eingegangen.

EINLEITUNG

ZWEI MONARCHIEN ZWISCHEN MOSEL UND ÄRMELKANAL

Belgien *und* Luxemburg? In der Reihe «Die Deutschen und ihre Nachbarn» ist der vorliegende Band der einzige, in dem zwei Länder zugleich behandelt werden. Das hat natürlich seinen Grund, denn die beiden heute voneinander unabhängigen Länder blicken auf eine über Jahrhunderte hinweg gemeinsame Geschichte zurück.

Beide Staaten gehen zurück auf eine Reihe von eigenständigen mittelalterlichen Territorien (Herzogtümern, Graf- und Herrschaften sowie geistlichen Fürstentümern), die – abgesehen vom Gebiet der Bischöfe von Lüttich an der mittleren Maas – durch Heirat, Erbschaft, Kauf oder politischen Druck seit dem späten 14. Jahrhundert nacheinander an die Herzöge von Burgund fielen. Nach deren Aussterben im Jahre 1477 gelangten sie an das Kaisergeschlecht der Habsburger. – Eine weitere Kaiserdynastie des «Heiligen Römischen Reiches deutscher Nation» stammte aus Luxemburg. Von 1308 bis 1313 sowie zwischen 1347 und 1437 stellte sie das Reichsoberhaupt, 1310 erwarb sie die Krone Böhmens und seit 1347 residierte sie in Prag. Seit dem frühen 15. Jahrhundert besaßen die Territorien der «niederen Lande» des burgundischen Machtbereichs – auch «Provinzen» genannt – somit nicht nur einen einzigen Landesherrn, sondern sie waren auch durch gemeinsame staatliche Einrichtungen miteinander verbunden, so im Finanz- und Steuer- wie auch im Gerichtswesen. Zudem gab es eine von den Vertretern der verschiedenen Stände in den Provinzen beschickte Generalständeversammlung.

Der bedeutendste habsburgische Herrscher des 16. Jahrhunderts, Kaiser Karl V. (*1500, †1558), überließ bei seiner Abdankung im Jahre 1556 die niederländischen Gebiete seinem ältesten Sohn Philipp II. von Spanien (*1527, †1598). Gegen ihn kam es – unter anderem aus religiösen Gründen – ein Jahrzehnt später in den Niederlanden zum Aufstand. Dessen Ergebnis war ab 1579 die Teilung der niederländischen Provinzen: Bei der spanischen Krone verblieben die im Süden, während die nördlichen eine Föderation, die Niederländische Republik, bildeten.

Zu den Spanischen (seit 1714 Österreichischen) Niederlanden zählte auch das territorial durch den Herrschaftsbereich der Lütticher Bischöfe getrennte Herzogtum Luxemburg. Dieses leitet seinen Namen von dem befestigten Ort Lützelburg (althochdt.: *Lucilinburhuc* = kleine Stadt) her, der Herrschaftszentrale eines Grafengeschlechts, aus der sich im Lauf der Zeit die heutige Stadt Luxemburg entwickelte. Das Territorium der Lützelburger, das damals etwa dreimal so groß war wie der heutige Staat Luxemburg, wurde 1354 zum Herzogtum erhoben.

Woher aber kommt der Name «Belgien» für ein Gebiet, das noch fast bis zum Ende des 18. Jahrhunderts die Bezeichnung «Niederlande» (wenn auch mit dem Zusatz «Spanische» oder «Österreichische») trug? Diese Bezeichnung geht zurück auf die einst von Caesar als kriegerischste Völkerschaft unter den Galliern beschriebenen «Belgen» (lat. *Belgae*) und auf die nach diesen benannte spätrömische Provinz *Belgica*. Weil dieser antike Name den Humanisten des 16. und 17. Jahrhunderts als altehrwürdig erschien, wurde er von ihnen aufgegriffen, und sie bezeichneten das gesamte Gebiet, das heute in etwa die Benelux-Staaten umfasst, mit dem römischen Provinznamen. So zum Beispiel der berühmte Völkerrechtler Hugo Grotius (*1583, †1645) in seiner im Stil des Tacitus verfassten Geschichte des niederländischen Aufstands gegen Spanien: *Annales et historiae de rebus Belgicis* (erschienen erst 1657). Zwar hatte sich die römische *Belgica* einst weit bis ins heutige Nordfrankreich sowie nach Westdeutschland hin erstreckt, während das Gebiet zwischen der mittleren Maas und dem Niederrhein als *Germania inferior* bezeichnet wurde. Die lateinisch schreibenden Gelehrten des 16./17. Jahrhunderts zogen es jedoch vor, der Gesamtheit der nördlichen und südlichen niederländischen Territorien den an das gallische Kriegervolk erinnernden römischen Provinznamen zu geben. Auf Landkarten wurden sie zusammen – nach dem Wappentier einiger wichtiger Landesteile – als ein sich aufrichtender Löwe *(Leo Belgicus)* dargestellt. Diese kartographische Darstellung blieb noch lange üblich, da man auch nach der Trennung der Gesamt-Niederlande noch geraume Zeit an der Fiktion ihrer Einheit festhielt.

Diese «Burgundische Idee» wurde denn auch 1815 für anderthalb Jahrzehnte wieder verwirklicht. Auf dem Wiener Kongress beschlossen die europäischen Großmächte auf britische Anregung hin nämlich, im Norden des besiegten und auf seine Grenzen vor den Revolutionskriegen reduzierten Frankreichs einen möglichst großen Staat zu errichten. So entstand das «Königreich der Vereinigten Niederlande», das – ebenso wie das durch die Rheinlande vergrößerte Preußen – künftigen französischen Expansionsgelüsten einen Riegel vorschieben sollte.

Einige Jahrzehnte zuvor, in den späten 1780er-Jahren, hatte der reformeifrige habsburgische Landesherr Joseph II. (*1741, †1790, seit 1764 auch römisch-deutscher Kaiser) versucht, die Verwaltung seiner «Österreichischen Niederlande» zu straffen, und zwar auf Kosten der bisher bestehenden Autonomie der einzelnen Landesteile. Dieses Vorhaben stieß vor allem in der traditionsbewussten Provinz Brabant mit der Hauptstadt Brüssel auf Widerstand, der sich Ende 1789 in der sog. Brabantischen Revolution entlud. Im Januar 1790 traten Vertreter der einzelnen Provinzialstände zu einer «Generalständeversammlung» *(États généraux)* zusammen. In Anlehnung an das Beispiel der nordamerikanischen Unabhängigkeitserklärung gegenüber der britischen Krone vierzehn Jahre zuvor rief diese einen unabhängigen Bundesstaat aus: die *États belgiques unis*. Die beabsich-

Der Leo Belgicus, Gravur von Claes, Janszoon Visscher (*1587, † 1652), 1648

tigte Staatsgründung scheiterte indes bald an inneren Gegensätzen und wurde zudem von den Österreichern durch Waffengewalt verhindert. Als das Gebiet im Zuge des ersten «Revolutionskriegs» 1794 an Frankreich fiel und Teil der Französischen Republik, später des

napoleonischen Kaiserreichs wurde, gewöhnte man sich daran, das Adjektiv *belgique* als Landesbezeichnung zu benutzen (*La Belgique* ist im Französischen eigentlich nicht korrekt); «belgisch» hieß dafür auf Französisch fortan kurz *belge*. Die deutsche Bezeichnung «Belgien» ist dagegen vom niederländischen Namen *België*[1] abgeleitet. In Anlehnung an die gescheiterte Brabantische Revolution von 1789/90 griff man 1830, fünfzehn Jahre nach der Vereinigung durch den Wiener Kongreß, den Namen *Belgique* wieder auf, als man sich vom Königreich der Vereinigten Niederlande lossagte.

Damals kam der westliche Teil Luxemburgs an Belgien. Der östliche wurde bis 1890 in Personalunion gemeinsam mit den Niederlanden von den Königen aus dem Haus Nassau-Oranien regiert. In Luxemburg führten sie seit 1815 den Titel von «Großherzögen». Seit 1890 völlig selbstständiges Staatswesen, wurde Luxemburg nach dem Ersten Weltkrieg durch eine Zoll- und Währungsunion wieder enger mit Belgien verbunden. Dies hatte auch damit zu tun, dass der völkerrechtswidrige Angriff Deutschlands im Sommer 1914 beiden Ländern einen tiefen Schock versetzt hatte, vertrauten beide doch auf ihren Neutralitätsstatus. Hinzu kam, dass man in Berlin daran dachte, im Falle eines Sieges ganz Luxemburg und den größten Teil Belgiens dem «Deutschen Reich» anzugliedern. Vor allem aber wirkte in beiden Ländern die Besetzung nach.

Dies galt vor allem für Belgien. Hier gab es Ende August 1914 auf das bloße Gerücht hin, dass Freischärler – wie es im deutsch-französischen Krieg 1870/71 der Fall gewesen war – die deutschen Invasionstruppen angreifen würden, nach einzelnen kleinen Übergriffen massive Racheakte an der Zivilbevölkerung. Insgesamt wurden rund 5000 Menschen willkürlich aufgegriffen und ohne Kriegsgerichtsverfahren erschossen. Besonders schlimm traf es die Stadt Löwen, wo Ende August Teile der Altstadt und die wertvolle Universitätsbibliothek im Flammen aufgingen (1940 beim zweiten deutschen Überfall sollte sie erneut fast ganz verbrennen). Die Furcht vor weiteren derartigen Maßnahmen veranlasste anschließend über 100 000 Bewohner der Provinz Antwerpen zur Flucht in die Niederlande.

Im Zweiten Weltkrieg kam es weitaus schlimmer: Schon der erneute Neutralitätsbruch durch Deutschland war ein Schock, zumal Luxemburg weiterhin am Neutralitätsstatus festgehalten und Belgien 1936 aus dem Bündnis, das man nach dem Ersten Weltkrieg mit Frankreich geschlossen hatte, ausgeschert und in die scheinbar sichere Stellung einer neutralen Macht zurückgekehrt war. Beiden Ländern hatte das Nazi-Regime auch die Beachtung ihrer Neutralität zugesichert. Dass diese Zusage nichts wert war, zeigte der erneute deutsche Angriff im Mai 1940. Beide Länder wurden überrannt, Luxemburg wurde faktisch dem «Großdeutschen Reich» angegliedert, Belgien erhielt zunächst eine Militärverwaltung, wurde aber im Juli 1944 – ebenfalls mit dem Ziel der Einverleibung in das Reich – einer Zivilverwaltung unter dem Leiter der neu eingerichteten «Reichsgaue» Flandern und Wallonien unterstellt. Den Kriegsereignissen und der NS-Willkür fielen hier 76 000 Zivilisten zum Opfer, darunter etwa 30 000 von den insgesamt 35 000 belgischen Juden, die in Vernichtungslager deportiert worden waren. Dies waren rund 44 Prozent der jüdischen Bevölkerung: viele konnten mit Hilfe von Widerstandsgruppen oder auch hilfsbereiten Privatpersonen untertauchen und so überleben. Ein weiteres Problem, das die Belgier belastete, war die Heranziehung von Arbeitskräften zur Zwangsarbeit im Reich. Anfänglich waren zwar wegen der günstigen Lohnbedingungen rund 130 000 freiwillig nach Deutschland gegangen – ab Herbst 1942 waren jedoch bis zu 180 000 Personen, Männer zwischen achtzehn und fünfzig sowie unverheiratete Frauen zwischen einundzwanzig und fünfunddreißig Jahren, von echter Zwangsarbeit betroffen. Zu alledem kamen noch die Zerstörungen, die im Zuge der Rückeroberung Belgiens durch alliierte Truppen ab dem Spätsommer 1944 erfolgten.

In Luxemburg stand sich die Bevölkerung insgesamt besser, weil das Land faktisch annektiert wurde und seine Einwohner von den besseren Zuteilungen für die täglichen Lebensbedürfnisse der «Reichsdeutschen» profitierten. Den meisten Luxemburgern wesensfremd war allerdings die rigide «Eindeutschungspoplitik» der Nazis. Hinzu kam, dass ab Sommer 1943 die jungen Männer zum Dienst in der deutschen Wehrmacht eingezogen wurden. Mehr als ein Drittel der rund 11 000 für wehrpflichtig Erklärten entzog sich dem Dienst und ging – ebenso wie es in Belgien viele Widerständler taten – in den Untergrund oder wurde in Haft genommen. Gegen den Widerstand der Bevölkerung wurden harte Maßnahmen ergriffen; rund 8000 Menschen ließen ihr Leben, darunter rund 2000 Juden, von denen 650 in Vernichtungslagern im Osten Europas ermordet wurden.

Auf diese Erfahrungen war es zurückzuführen, dass in den Niederlanden, in Belgien und in Luxemburg das Bewusstsein gestärkt wurde, nur durch enges Zusammenrücken und eine gemeinsame Politik wirtschaftlich wieder auf die Beine kommen und Übergriffen der größeren Nachbarländer, insbesondere eines vielleicht bald wieder erstarkenden Deutschlands besser standhalten zu können. Schon vor Kriegsende, im September 1944, kamen die Exilregierungen der drei Länder in London überein, nach dem Krieg eine Zollunion («Benelux») einzugehen, die dann ab 1948 auch verwirklicht wurde. Die durch den «Kalten Krieg» in Europa veränderte Lage brachte allerdings eine für sie wie für die Nachbarn zukunftsträchtige Ausweitung dieses Verbundes: 1951 bildeten die Benelux-Staaten mit Frankreich, Italien und der Bundesrepublik Deutschland einen «Gemeinsamen Markt für Kohle und Stahl», die sog. Montanunion. Aus ihr sollte 1958 die Europäische Wirtschaftsgemeinschaft hervorgehen, der Kern der heutigen Europäischen Union. Alle damaligen Partner – also auch Belgien und Luxemburg mit ihrer seit 1920 bestehenden Währungsunion – gehören außerdem zu der seit 2002 bestehenden Euro-Zone.

Ihre über weite Strecken gemeinsame Vergangenheit darf allerdings nicht darüber hinwegtäuschen, dass Belgien wie Luxemburg in vielen Bereichen recht unterschiedliche Strukturen aufweisen. Dabei ist das größere Belgien, von seinem inneren Aufbau und seiner Staatsverfassung her gesehen, ein überaus kompliziertes Gebilde – inzwischen, muss man sagen, und zwar infolge der Veränderungen, die erst in den letzten Jahrzehnten eingetreten sind. Es bietet dem Betrachter mittlerweile das Bild eines in sich zerrissenen Staates, dessen politische Zukunft angesichts heftiger innerer Streitigkeiten auf dem Spiel zu stehen scheint. Darum wird es im ersten Kapitel ausführlicher gehen, und zwar in einem Rückblick auf die jüngere Geschichte des Landes. Luxemburg hingegen, kleiner und in sich kompakter, bietet das Bild eines stabilen, in sich ruhenden Staatswesens, das infolge seiner Grenzlage zwischen dem deutschen und dem französischen Sprachgebiet eine Art Mittlerfunktion im Westen Europas einnimmt und dessen führende Politiker von Anfang an eine sehr wichtige, von außen stets anerkannte Rolle im europäischen Integrationsprozess gespielt haben.

Im Folgenden werden das Königreich Belgien und das Großherzogtum Luxemburg in einzelnen Kapiteln über ihre Vergangenheit, ihr politisches System, ihre ökonomischen und sozialen Verhältnisse und ihre Kultur zwar getrennt behandelt, doch es wird auf die Gemeinsamkeiten zwischen beiden immer wieder hingewiesen. Dabei darf man die Tatsache nicht außer Acht lassen, dass die Geschichte beider Länder nicht nur in der jüngsten Vergangenheit mit der deutschen eng zusammenhängt. Dies hat ihnen – wie angedeutet – nicht immer zum Wohl gereicht. Umso erstaunlicher ist es, dass sich die deutsch-belgischen wie die deutsch-luxemburgischen Beziehungen seit dem Zweiten Weltkrieg recht positiv entwickelt haben und heute ohne Übertreibung als ausgezeichnet beschrieben werden können. Auch dies hat mit den inneren Verhältnissen Luxemburgs wie Belgiens zu tun, ist doch das Deutsche neben dem Französischen und dem moselfränkischen «Letzeburgischen» im Großherzogtum Amtssprache, während im Osten des Königreichs die kleine deutschsprachige Minderheit inzwischen über einen im internationalen Maßstab vorbildlichen kulturellen Autonomiestatus verfügt und kulturell eine Art Mittlerfunktion zwischen dem deutschen Sprachraum und Belgien einnimmt. Doch auch sonst sind die Politik – und die Geschichte – Deutschlands, Belgiens und Luxemburgs, aber auch die Frankreichs und der Niederlande eng miteinander verzahnt. Alle drei bzw. alle fünf Länder sind daher wechselseitig aufeinander angewiesen, was die positive Entwicklung der Beziehungen zwischen ihnen bis auf den heutigen Tag prägt und zur politischen Stabilität im westlichen Europa erheblich beiträgt.

I

BELGIEN – VOM EINHEITSSTAAT ZUR FÖDERATION

Am Abend des 13. Dezembers 2006 erschütterte Belgien eine vom dortigen französischsprachigen Fernsehen ausgestrahlte Nachricht und rief in den Nachbarstaaten, die sonst kaum über das Land berichten, Kopfschütteln hervor. Sie besagte, der nördliche Landesteil – «Flandern» – habe seine Unabhängigkeit erklärt und werde aus dem belgischen Staatsverband ausscheiden. Schon kurze Zeit später wurde die Nachricht dementiert. Sie war als eine gezielt provozierend gesetzte «Ente» erschienen. Für einen kurzen Augenblick fragte man sich im Ausland, was eigentlich in Belgien los sei. Denn die meisten Menschen konnten sich keinen rechten Reim darauf machen.

Dies verweist auf ein echtes Problem, das wir in den größeren Nachbarländern mit Belgien haben. Denn: Was weiß der deutsche oder französische Durchschnittsbürger, ja was weiß man auf den Britischen Inseln oder sonst in Europa eigentlich über dieses Land? Da in den Medien darüber wenig oder nur Spektakuläres berichtet wird, gibt es in Deutschland (um nur uns selbst als Beispiel zu nehmen) kaum Wissen über den westlichen Nachbarn. Man ist allenfalls darüber unterrichtet, dass Belgien eine parlamentarische Demokratie besitzt und einen König zum Staatsoberhaupt hat. Man kennt vielleicht ein wenig die Probleme, die sich aus der Mehrsprachigkeit Belgiens ergeben (obwohl es nicht wenige Deutsche gibt, die meinen, das Land habe eine eigene, «belgische» Sprache). Man ist sich irgendwie auch der engen ökonomischen Verflechtungen zwischen

Deutschland und Belgien bewusst. Ansonsten haben wir in der letzten Zeit Belgien eher als skandalträchtiges Land wahrgenommen, denn die Berichterstattung beschränkte sich oft auf bizarre Vorgänge wie die «Justizaffäre» um den Mädchenmörder Marc Dutroux, der aufgrund etlicher Pannen im Polizei- und Gerichtsbereich erst acht Jahre nach seiner Verhaftung zu lebenslänglichem Gewahrsam verurteilt wurde. Dass man von Brüssel öfter hört und liest, liegt weniger daran, dass es die belgische Hauptstadt ist, als daran, dass hier die wichtigsten Organe der Europäischen Union ansässig sind. Aus Brüssel erhalten wir ständig Nachrichten über die Konferenzen ihrer Mitgliedsregierungen, jedoch sehr wenige über den Staat Belgien selbst, es sei denn, er ist hin und wieder einen Artikel über die jüngste Regierungskrise dort wert.

Was also ist «Belgien»? Von seiner politischen Struktur her ist es fraglos das komplizierteste Land unter unseren Nachbarstaaten. Die Bevölkerung ist in drei Sprachgruppen aufgeteilt, von denen sich die beiden größten – die Niederländisch sprechenden Flamen und die frankophonen Wallonen – heftig befehden. Dies hat schwerwiegende Auswirkungen auf die Innenpolitik, die Wirtschaft, die Gesellschaft, das Bildungswesen, ja auf das gesamte kulturelle Leben bis hin zur Medienlandschaft. Dabei ist Belgien einst als Muster eines einheitlich organisierten, dabei vom Ideal der politischen Freiheit erfüllten Staatswesens in die politische Eigenständigkeit gestartet. Es war lange ein von den liberalen Kräften Europas bewundertes Land. Diese Bewunderung galt vor allem der im Februar 1831 verabschiedeten Verfassung, die nicht nur einen umfangreichen, auch heutigen Maßstäben noch gerecht werdenden Katalog von Grundrechten enthielt. Nein, sie begründete darüber hinaus ein gut funktionierendes politisches System, in dem – getreu nach dem Vorbild des Vereinigten Königreichs von Großbritannien und Irland – das aus zwei Kammern bestehende Parlament und der König mit seinem Ministerkabinett zusammenwirkten und sich die Waage hielten. Seit dem späten 19. Jahrhundert wurden zudem schrittweise demokratische

Verhältnisse geschaffen, indem man das ursprünglich auf die reichsten Bürger beschränkte Wahlrecht erweiterte. Nach dem Ersten Weltkrieg wurde es teilweise, 1948 schließlich ganz auf die Frauen ausgedehnt. Was die Wirtschaftsentwicklung betrifft, so bildete Belgien auf dem Kontinent geradezu das Paradebeispiel einer gelungenen Industrialisierung, die nicht nur im Innern Wohlstand brachte, sondern auch nach außen hin Vorbildcharakter hatte und auf die Nachbarländer ausstrahlte. Von den Katastrophen der beiden Weltkriege, in die Belgien ohne es zu wollen (ja angesichts seines international garantierten Neutralitätsstatus völkerrechtswidrig) hineingezogen wurde, konnte es sich aufgrund seiner Wirtschaftskraft relativ rasch erholen.

Seit den 50er-, vor allem aber seit den 60er-Jahren des vorigen Jahrhunderts geriet das Land aber in eine schwere innere Krise, die bis heute nicht überwunden ist. Die allmähliche Verlagerung des ökonomischen Übergewichts vom früher hoch industrialisierten und daher wirtschaftlich führenden französischsprachigen Süden – Wallonien – in den zuvor stärker agrarisch geprägten Norden – dem niederländischsprachigen Flandern – glich das Wohlstandsgefälle zwischen Süd und Nord zunächst aus und kehrte es schließlich um. Dies heizte den Streit um die Gleichberechtigung der beiden großen Landessprachen,[2] der seit dem frühen 19. Jahrhundert geführt wurde, dermaßen an, dass man sich schließlich in einem mehr als zwanzig Jahre dauernden Prozess dazu entschloss, das Land zu «föderalisieren». Die inneren Probleme Belgiens sind damit aber keineswegs gelöst worden.

Seit 1994 gilt im Königreich Belgien eine neue Verfassung, durch die das 1830/31 ins Leben gerufene «zentralistische» Staatswesen nach jahrzehntelangen inneren Auseinandersetzungen in einen Bundesstaat umgewandelt wurde. Dieser ist allerdings kaum vergleichbar mit den Bundesstaaten, die wir sonst in Europa kennen, etwa der Schweiz, Österreich und Deutschland. Denn Belgien mit seinen knapp 10,5 Millionen Einwohnern auf einer Fläche von rund

32.500 qkm (die etwa der Nordrhein-Westfalens oder Baden-Württembergs entspricht) gliedert sich zum Einen in drei «Gemeinschaften», nämlich die der niederländisch (bzw. flämisch), französisch und deutsch sprechenden Bevölkerung. Der prozentuale Anteil der «Flamen» beträgt rund 60 Prozent, der der Wallonen 49 Prozent und der der deutschsprachigen Bevölkerung etwas weniger als 1 Prozent. Dazu gibt es vier «Sprachgebiete», nämlich das niederländische, das französische und das deutsche, außerdem das zweisprachige Gebiet Brüssel. Hier wird zwar mehrheitlich Französisch und nur von einer Minderheit Niederländisch gesprochen, doch das bilinguale Brüssel[3] bildet gewissermaßen eine Insel im flämischen Sprachgebiet. Außerdem besteht das Land aus drei «Regionen», nämlich: Flandern, Wallonien (zu dem in diesem Fall das östlich angrenzende deutsche Sprachgebiet gehört) und – wiederum – die Hauptstadt Brüssel.

Diese Verschachtelung ist besonders deshalb verwirrend, weil jede Sprachgemeinschaft und jede Region im Prinzip über eine parlamentarische Vertretung und eine regierungsartige Institution verfügt. Über diesen Gebietskörperschaften stehen das föderale Parlament, die Regierung Gesamt-Belgiens und der König als oberster Repräsentant des belgischen Staatswesens. Ehe wir auf dieses seltsam anmutende Verfassungssystem in Kapitel 3 näher zu sprechen kommen, sollen die Ursachen für diese Konstruktion kurz skizziert werden.

Ihre eigentliche Wurzel ist die «romanisch-germanische» Sprachgrenze, die sich von Ost nach West in etwa durch die Mitte Belgiens zieht. Sie entstand nach der sog. Völkerwanderung im Laufe des frühen Mittelalters zwischen dem «westgermanischen» Fränkischen und dem «Gallo-Römischen», einer Variante des von den Römern ins Land gebrachten Lateins, das sich teilweise mit den keltischen Idiomen der unterworfenen Gallier vermischt hatte. Aus ihm hat sich auf der Grundlage des Dialekts im Raum um Paris das spätere Französische entwickelt, das seinerseits in verschiedene Dialekte – in Belgien sind dies das Pikardische und das Wallonische – zerfällt.

Im Norden des fränkischen Sprachgebiets bildeten sich – von der Sprachwissenschaft so bezeichnete – «niederfränkische» Dialekte heraus. Zu ihnen zählen die meisten Varianten des «Niederländischen» im heutigen Königreich der Niederlande (Seeländisch, Holländisch, Geldrisch, Limburgisch) und im nördlichen Belgien (Flandrisch, Brabantisch sowie gleichfalls Limburgisch), aber teilweise auch das im deutschen Niederrheingebiet gesprochene Klevische, das wiederum dem «Kölschen» nahe steht.

In den Niederlanden (wo es dazu neben dem eigenständigen Friesischen im Norden noch eine niedersächsische Dialektregion im Osten gibt) entstand seit dem 16. Jahrhundert im Zuge der von Spanien erkämpften Unabhängigkeit eine Hochsprache. Man bezeichnete sie dort früher als «Niederdeutsch» oder schlichtweg «Deutsch» (*nederduits* bzw. *duits*[4] – daher das englische Wort *dutch*) und erst ziemlich spät als «Niederländisch». Stark geprägt wurde sie durch gelehrte Humanisten, so dass viele Begriffe, namentlich des wissenschaftlichen Lebens, auf das Lateinische und das Altgriechische zurückgehen. Hinzu kommen Einflüsse des Französischen und des Englischen. Das Hoch-Niederländische fußt ansonsten auf dem holländischen Dialekt, der Sprache der alten Handelsmetropole Amsterdam sowie der im 17. und 18. Jahrhundert bedeutenden Universitätsstadt Leiden. Mitgeprägt wurde es aber auch von den Menschen, die Ende des 16. Jahrhunderts ihres Glaubens wegen aus dem heutigen Belgien in den protestantischen Norden flohen. Dabei verloren die nach 1579 katholisch bleibenden «südlichen» oder Spanischen Niederlande einen erheblichen Teil ihrer Geistes- und Wirtschaftseliten an die damalige Republik der Niederlande.

Dieser Exodus verstärkte in den südlichen Niederlanden die Tendenz, dem Französischen – das seit der Wende vom 14. zum 15. Jahrhundert am Brüsseler Hof die gängige Sprache der mit dem französischen Königshaus verwandten Herzöge von Burgund war, sowie in deren Verwaltung und im höheren Gerichtswesen benutzt wurde – auch allgemein den Vorrang einzuräumen. Er hielt bis weit ins 20. Jahrhundert an. Selbst die bürgerlichen Eliten im Nordteil der Spanischen und später der Österreichischen Niederlande bedienten sich mehr und mehr dieser Sprache. Damit betonten sie ihre Überlegenheit gegenüber dem einfachen Volk, aus dem künftig sozial nur aufsteigen konnte, wer das Französische in Wort und Schrift gut beherrschte. Hinzu kam die politische Zugehörigkeit zu Frankreich zwischen 1794 und 1814. Die volkssprachlichen Dialekte in den Südlichen Niederlanden vermochten es demgegenüber nicht, von sich aus eine Hochsprache hervorzubringen. Man schottete sich hier sogar lange vom mehrheitlich protestantischen Norden ab, zumal dieser im katholischen Süden von der Kirche lange als ketzerisch und fremdartig hingestellt wurde. Erst im späten 19. Jahrhundert sollten die Flamen die im Norden entwickelte Hochsprache mitsamt ihrer Orthographie akzeptieren und sich selbst ebenfalls als «niederländischsprachig» (*nederlandstalig* oder auch *vlaams* bezeichnen.

Als *Flämisch*[5] bezeichnet man einmal die Gesamtheit der im nördlichen Belgien gesprochenen niederländischen Dialekte, zum anderen aber auch das inzwischen dort längst im öffentlichen Leben durchgängig benutzte Hochniederländische des nördlichen Nachbarlandes, wobei das *Niederländische* in Belgien gegenüber dem im Königreich der Niederlande im Alltagsgebrauch kleinere Unterschiede in der Aussprache wie in der Wahl einiger Begriffe und Redewendungen aufweist.[6] Unter *Flandern* versteht man sowohl das niederländische Sprachgebiet Belgiens als auch – im engeren Sinne – die belgischen Provinzen Ost- und Westflandern.

In die Zeit der Verselbstständigung Belgiens fällt nun der Beginn einer Bewegung, die wir in ähnlicher Form seit der Wende vom 18. zum 19. Jahrhundert auch sonst in Europa antreffen, nämlich überall dort, wo ethnische Minderheiten sich ihrer eigenen Sprache und damit ihrer kulturellen Besonderheit bewusst werden. Dass sich in der Sprache der «Geist», mithin die Eigenart eines «Volkes» ausdrückt, ist eine Idee, die vor allem auf den Theologen und Geschichtsphilosophen Johann Gottfried Herder (*1744, †1803) zurückgeht. Sie wurde von der Romantik aufgegriffen, jener geistigen und literarischen Strömung, die im frühen 19. Jahrhundert fast ganz Europa erfasste. Im 1830/31 gerade entstandenen belgischen Staat fand sie Aufnahme bei einigen Intellektuellen, die als das Besondere im Norden ihres Landes die dort im Volk noch immer verwurzelte Sprache wiederentdeckten, sie wegen ihrer Schlichtheit und zugleich wegen ihres Klangs und ihrer Ausdruckskraft bewunderten und erneut zur Geltung bringen wollten. Aus dieser von den Ideen der Romantik gespeisten geistigen Strömung erwuchs die sog. Flämische Bewegung.

Diese postulierte nun zwei Sprach-Nationen innerhalb des eigentlichen belgischen Staatsvolks. Der neue Staat – mit dem Segen der europäischen Großmächte in seiner Unabhängigkeit bestätigt und mit einem von ihnen garantierten Neutralitätsstatut versehen – hatte sich jedoch ganz bewusst eine unitarische Verwaltung gegeben: Der Regierung in Brüssel wurden sämtliche Gebietskörperschaften strikt untergeordnet. Vorbild des in der Verfassung von 1831 verankerten belgischen Zentralismus war der im benachbarten Frankreich, was angesichts der das Land faktisch regierenden französischsprachigen Eliten nicht weiter verwundert. Belgien war nach seiner Angliederung an die Großmacht im Süden 1794 in Départements eingeteilt worden, die ebenso wie die 1790 geschaffenen gleichnamigen Gebietskörperschaften in Frankreich selbst nach geographischen Gegebenheiten, meist nach Flüssen benannt wurden. Sie erhielten zwar nach der Vertreibung Napoleons großenteils die «historischen» Namen der früheren Provinzen (ohne mit diesen völlig deckungsgleich zu sein), ihre neuen Grenzen wurden jedoch ebenso beibehalten, wie ihre Verwaltung durch von der Zentrale ernannte Regierungskommissare oder «Gouverneure» geleitet wurde. Dies wirkte sich auch auf den Sprachgebrauch im Verwaltungsleben aus. Zwar stellte Art. 23 der Verfassung prinzipiell jedem Belgier den Gebrauch seiner Sprache frei, doch faktisch blieb es beim Übergewicht, ja beim fast ausschließlichen Gebrauch des Französischen in der öffentlichen Administration wie im Gerichts- und im Bildungswesen, obwohl der flämische Bevölkerungsteil eindeutig in der Mehrheit war.

Denn der wirtschaftliche Schwerpunkt des Landes und damit die politische Macht lagen im frankophonen Süden, vor allem in der Region um Lüttich und im Gebiet zwischen Namur und Mons mit ihren ergiebigen Kohlevorkommen und ihrer blühenden Schwerindustrie (mehr dazu in Kap. 7). Aus den hier wirkenden großbürgerlichen Familien kam zum großen Teil das Verwaltungspersonal in der Zentrale. Obwohl im flämischen Sprachgebiet gelegen, wurde die Hauptstadt Brüssel so mehr und mehr zu einer französischsprachigen Stadt, in der schließlich nur noch eine ständig schwindende Minderheit das Idiom des Nordens sprach; inzwischen sind es lediglich noch rund 20 Prozent. Aber auch der größte Teil der städtischen Führungsschichten im niederländischsprachigen Belgien bediente sich fast ausschließlich des Französischen, das als international geachtete Kultursprache wesentlich mehr Prestige genoss als das ihrer Auffassung nach zum Bauern- und Dienstbotenidiom hinabgesunkene, zudem in verschiedene, dazu selbst untereinander nicht immer leicht verständliche Dialekte zerfallene Flämische.

Die lange nur von einer Minderheit der Bevölkerung im nördlichen Belgien getragene Flämische Bewegung verfolgte zunächst vor allem kulturelle Ziele. Philologen und Literaten bemühten sich um die Neubelebung der niederländischen Volkssprache in Belgien, indem sie vor allem auf das alte Liedgut aufmerksam machten. Einer seiner Wiederentdecker war der deutsche Germanist und Volksliederdichter August Heinrich Hoffmann von Fallersleben (*1798, †1874), der ab 1836 Belgien mehrfach bereiste, selbst flämische Gedichte verfasste[7] und in seinen *Horae Belgicae* (1830–1862) eine Sammlung altflämischer Dichtungen veröffentlichte. Daneben gab es eine Wiedergeburt der flämischen Literatur (mehr dazu in Kap. 9). Das Bestreben nach Gleichstellung beider Sprachen wenigstens in kultureller Hinsicht konnte nach jahrzehntelangen Forderungen schließlich 1886 einen ersten Erfolg verbuchen, als eine «Königlich Flämische

Akademie für Sprache und Literatur» *(Koninklijke Vlaamse Academie voor Taal- en Letterkunde)* eingerichtet wurde.

Der politische Kampf um die sprachliche Gleichstellung – geführt von zunehmend militanter auftretenden Anhängern der flämischen Volkskultur, den sog. Flaminganten – brachte 1873 zunächst den Beschluss des belgischen Parlaments, im Justizwesen das Niederländische (Flämische) überall dort als gleichberechtigte Sprache einzuführen, wo es von der Bevölkerungsmehrheit benutzt wurde. Damit entsprach man eigentlich nur den – freilich sehr allgemein formulierten – Sprachbestimmungen der inzwischen seit mehr als vierzig Jahren geltenden Verfassung. Es folgten bis 1898 weitere Gesetze, durch die sämtliche Beamte – auf kommunaler, provinzialer und zentraler Ebene – dazu verpflichtet wurden, im entsprechenden Sprachgebiet auch dessen Landessprache zu benutzen. Das Niederländische wurde nun im Norden des Landes in bestimmten Fächern (so in Geschichte, Erdkunde und den Naturwissenschaften) zur Schulsprache erklärt. Allerdings gab es dagegen bezeichnenderweise im höheren Schulwesen von Seiten mancher «arrivierter» Eltern erhebliche Vorbehalte. Denn in deren Kreisen war man um die berufliche Zukunft der Kinder besorgt, wenn diese das Französische nicht gut genug beherrschten.

Bis 1914 wurden weitere Gesetze zur sprachlichen Gleichstellung erlassen; vor allem ist das von 1898 über die prinzipielle Gleichberechtigung der beiden Landessprachen zu nennen. In der Folge ging es nun darum, ob man im Staatsdienst grundsätzlich die Zweisprachigkeit der Amtsträger vorschreiben sollte, so dass sich jeder Bürger – gleichgültig in welchem Sprachgebiet – in seiner Muttersprache an die Behörden wenden konnte. Entsprechendes hätte auch für Vorlagen und Debatten im Parlament gelten müssen. Bei den Frankophonen stieß das indes auf Widerstand, da man das Niederländische (das zudem für französisch geprägte Zungen schwer auszusprechen ist) nicht als kulturell ebenbürtige Sprache ansah, eine Auffassung, die zum Teil noch heute vertreten wird. So blieb nur die Alternative, die Entwicklung Belgiens zu einem Land mit verschiedenen, das heißt getrennten Sprachregionen voranzutreiben. Aber auch hierbei gab es Probleme, und zwar vor allem im Hochschulwesen.

Von den beiden im frühen 19. Jahrhundert gegründeten staatlichen Universitäten Belgiens lag die in Lüttich auf französischem und die in Gent auf flämischem Sprachgebiet. Hier war allerdings immer noch Französisch Unterrichtssprache. Diese Universität zu «niederlandisieren» *(vernederlandsen)* war schon lange ein Herzensanliegen der Flämischen Bewegung. Hierfür fand sich jedoch im Parlament keine Mehrheit, nicht zuletzt deswegen, weil auch die französisch geprägten flämischen Eliten für diesen Fall ein Absinken des Ausbildungsniveaus und damit eine Abwertung der Genter Hochschuldiplome befürchteten. Die Niederlandisierung *(vernederlandsing)* der Genter Universität scheiterte vorerst, was unter den Flaminganten zu einigem Unmut führte.

Verstimmung erregte zudem, dass im Parlament der Plan scheiterte, im Heer neben französischsprachigen Regimentern auch flämische mit Niederländisch als Kommandosprache einzuführen. Als Belgien im Ersten Weltkrieg fast ganz von deutschen Truppen besetzt war, führte dieser Unmut dazu, dass der radikalere Flügel der Flämischen Bewegung, die «Aktivisten», sich auf eine enge Kooperation mit der Besatzungsmacht einließ. Die Genter Universität wurde im Oktober 1916 mit deutscher Unterstützung kurzerhand niederlandisiert. Fünf Monate später, im Februar 1917, erhielt der nördliche Teil Belgiens eine parlamentarische Vertretung, den «Rat von Flandern». Im März rief dieser die Selbstständigkeit Nord-Belgiens aus. Den Deutschen, denen im Fall eines Sieges ohnehin die Annexion des Königreichs oder zumindest ein belgischer Satellitenstatus vorschwebte, kam dies entgegen, bei der Bevölkerung und bei den gemäßigten Flamen, den «Passivisten», stießen die Maßnahmen der Radikalen jedoch auf Widerspruch. Nach dem Abzug der deutschen Truppen wurden die Aktivisten scharf verfolgt, sie gingen entweder ins Exil (nicht wenige Intellektuelle unter ihnen kamen an deutschen Hochschulen als Niederländischlektoren unter) oder sie wurden als Landesverräter hart bestraft.

Diese Reaktion rief nun selbst unter den gemäßigten Anhängern der Flämischen Bewegung Unmut hervor. Unzufrieden waren auch diejenigen Flamen im belgischen Heer, die jetzt zu ihren Familien zurückkehrten. Sie hatten während des Krieges weit im Westen Belgiens die Iser-*(Ijzer-)*Front verteidigt und unter anderem deswegen große Verluste erlitten, weil viele einfache Soldaten aus dem flämischen Sprachgebiet die französischen Befehle ihrer Offiziere nicht verstanden. Daraus war die sog. Frontbewegung erwachsen, die man nun aber nicht als vaterlandsverräterisch brandmarken konnte und die wegen der negativen Kriegserfahrungen mit Recht auf der Emanzipation des flämischen Bevölkerungsteils bestand. Sie rief 1919 die «Frontpartei» ins Leben, die seit 1924 alljährliche «Gebetsfahrten» an die Iser zur Erinnerung an die im Krieg Gefallenen organisierte.

Der Ijzer-Turm bei Diksmuiden

Ihnen zu Ehren wurde bei Diksmuiden nördlich von Ypern 1926 ein Turm mit der kreuzförmigen Inschrift *AVV/AVK (Alles voor Vlaanderen/Vlaanderen voor Kristus* – «Alles für Flandern/Flandern für Christus») errichtet. Der «Ijzer-Turm» und die «Ijzer»-Fahrten wurden von radikalen Wallonen zunehmend als Provokation angesehen, vor allem nach dem Zweiten Weltkrieg, da sie während der deutschen Besatzung zwischen 1940 und 1944 auch zu Kundgebungen für ein künftiges «großgermanisches» Reich missbraucht worden waren. 1946 wurde der Turm durch einen Sprenganschlag militanter Wallonen zerstört, allerdings alsbald wieder aufgebaut.

Ziel der sich immer stärker radikalisierenden, wenn auch politisch insgesamt nicht allzu bedeutenden Frontpartei, die sich 1933 auflöste und größtenteils im «Flämischen Nationalen Verband» *(Vlaams Nationaal Verbond)* aufging, war in der Zwischenkriegszeit die Selbstregierung Flanderns innerhalb des belgischen Staatswesens. Anhänger dieses Gedankens gab es auch in den großen politischen Gruppierungen, vor allem bei der Katholischen Partei, die ihren Anhang besonders in den ländlichen Kreisen des flämischen Sprachgebiets besaß und die sich von jeher für eine Ausweitung des Wahlrechts, also für mehr Demokratie eingesetzt hatte. Weniger galt dies für die Liberalen und die Sozialisten, der seit 1885 bestehenden «Belgischen Arbeiterpartei», deren Wählerschaft vor allem in Brüssel bzw. in den Industrieregionen des Südens lebte.

Die durch den Ersten Weltkrieg unterbrochene Sprachengesetzgebung wurde 1921 wieder aufgenommen. Zunächst schrieb man für sämtliche Akte der Regierung in den beiden Sprachregionen den Gebrauch der jeweilig gesprochenen Idiome vor. 1932 wurde dies bekräftigt und weiter ausgestaltet. Zwei Jahre zuvor war die Frage des Sprachgebrauchs im Bildungswesen geregelt worden. Auch hier wurde jetzt nach dem Territorialitätsprinzip verfahren: Niederländisch in Flandern, Französisch in Wallonien, dazu im damals noch je zur Hälfte von den beiden Sprachgruppen bewohnten Brüssel sowohl Niederländisch als auch Französisch. Um eine zuverlässige Basis für die Festlegung der Sprachgrenze zu erhalten, sollten künftig alle zehn Jahre entsprechende Erhebungen über die Sprecherzahlen stattfinden. Dies sollte die Grundlage dafür schaffen, die Grenze gegebenenfalls von Ort zu Ort neu festzulegen. Die Mitglieder der zentralen Regierungsbehörden sowie das Verwaltungspersonal in der Hauptstadt mussten künftig zweisprachig sein. Zugleich wurde an der Genter Universität, wo man seit 1919 wieder auf Französisch gelehrt hatte, das Niederländische nunmehr endgültig zur Unterrichtssprache. Mit dieser höheren Weihe für die lange diskriminierte Sprache gingen die Gründung einer «Königlich Belgischen Akademie für Wissenschaften, Literatur und Künste» *(Koninklijke Academie voor Wetenschappen, Letteren en Schone Kunsten)* sowie die einer entsprechenden Einrichtung für Medizin *(Koninklijke Academie voor Geneeskunde van België)* im Jahre 1938 einher. Außerdem erhielt das Militär jetzt Verbände mit verschiedenen Kommandosprachen.

Während des Zweiten Weltkriegs gab es in beiden Sprachgruppen eine zum Teil enge Zusammenarbeit mit der deutschen Besatzung, so dass es nach 1945 untereinander eigentlich wenig Spielraum für gegenseitige Schuldzuweisungen gab. Doch unter den Flamen herrschte die Meinung vor, bei der Strafverfolgung wegen der Kollaboration mit den Nazis gegenüber den Wallonen ungerecht behandelt zu werden. Der Zwist zwischen den beiden Landesteilen schwelte weiter. Er flammte schließlich auf und steigerte sich zu einer regelrechten Staatskrise, als es 1950 darum ging, ob der nach der Niederlage gegen Nazi-Deutschland im Land verbliebene und nicht wie die belgische Regierung nach London ins Exil entwichene König Leopold III. (*1901, †1983, König seit 1934) wieder nach Belgien zurückkehren sollte. 1944, nach ihrem Rückzug, hatten ihn die Deutschen in Österreich interniert, wo er seitdem im Exil lebte, während das belgische Parlament inzwischen seinen Bruder Karl, Graf von Flandern (*1903, †1983), zum Regenten bestellt hatte. Obwohl dieser selbst durchaus populär war, konnte er die Wellen der Erregung gegen Leopold nicht glätten. Viele Politiker verübelten dem König sein Eintreten dafür, dass Belgien 1936 aus dem seit dem Ersten Weltkrieg bestehenden Bündnis mit Frankreich ausgeschieden war und wieder seine Neutralität erklärt hatte; dies habe – so meinte man – die Deutschen im Mai 1940 zum Angriff auf Belgien geradezu ermuntert. Unmut gegen ihn bestand auch bei manchen führenden Politikern des Landes deshalb, weil Leopold kurz vor Kriegsausbruch angesichts der damaligen Zerstrittenheit unter den Parteien heftige Kritik am parlamentarischen System geübt hatte. Bei den Flamen war der König wegen seines Einsatzes für ihre Gleichberechtigung vor dem Krieg äußerst beliebt, dafür war er jedoch in weiten Teilen der französischsprachigen Bevölkerung in Brüssel und Wallonien regelrecht verhasst. Als es Mitte März 1950 zur Volksbefragung über seine Rückkehr kam, stimmten die Flamen zu 72 Prozent dafür, in Brüssel jedoch nur zu 48 Prozent und in Wallonien sogar nur zu 42 Prozent. In der Summe hatte der König 58 Prozent der Stimmen auf sich vereinigen können und er entschloss sich trotz dieser relativ knappen Mehrheit zur Rückkehr. Im Juli kam es jedoch in Brüssel wie im Süden zu Unruhen, durch welche die Einheit Belgiens in Frage gestellt zu sein schien. Daraufhin entschloss Leopold sich zur Abdankung zugunsten seines Sohnes Baudouin (*1930, †1993). Dieser übernahm den Thron, nachdem er im Sommer 1951 volljährig geworden war.

Der Ausgang der «Königsfrage» brachte in Flandern die Volkswut fast zum Siedepunkt. Hinzu kam ein heftiger Streit um die Zukunft der katholischen Konfessionsschulen, bei dem es darum ging, ob diese – die in Flandern viel weiter verbreitet waren als in Wallonien – ähnlich wie die staatlichen Schulen öffentliche Zuschüsse erhalten sollten. Erst 1958 fand man in diesem sog. Schulstreit zu einem Kompromiss.

Im Grunde ging es bei all diesen Streitigkeiten und den darin hochkochenden Emotionen um das Grundproblem, wer im belgischen Staats- und Gemeinwesen künftig mehr Einfluss ausüben sollte, also um harte Machtfragen. Inzwischen waren die Flamen –

wie es schon immer der Fall gewesen war – nicht nur zahlenmäßig in der Mehrheit, sondern auch das wirtschaftliche Schwergewicht verlagerte sich in den Jahren des Aufschwungs ab 50er-Jahren immer mehr vom Süden in den Norden. Während die wallonischen Industriereviere – bei schwindenden Kohlevorkommen – weitgehend bei ihren überkommenen Großbetrieben verharrten, siedelten sich in Flandern vorwiegend mittlere und kleinere Unternehmen der modernen Wachstumsbranchen und solche des Dienstleistungsgewerbes an. Außerdem profitierte man hier von den seit den 30er-Jahren neu erschlossenen, ergiebigen Steinkohlevorkommen des Kempener Landes in der Provinz Limburg. Hier, aber auch im nördlichen Brabant, in der Provinz Antwerpen sowie in Ost- und Westflandern, entstanden nach und nach zahlreiche Industriebetriebe, auch weil die Ende der 50er-Jahre infolge der Umstellung auf andere Energieträger einsetzende Kohlekrise im Norden besser aufgefangen werden konnte als im klassischen Schwerindustriegebiet Walloniens. Das Bevölkerungswachstum war seit den späten 40er-Jahren im flämischen Landesteil deutlich höher als im wallonischen: Hatte der Anteil der frankophonen Wallonen ohne die in Brüssel lebenden 1932 noch bei 37 Prozent gelegen, so waren es 1970 nur noch 32 Prozent.

Bei ihren Forderungen nach mehr politischem Gewicht konnten die Flamen nun also auftrumpfen. Vor dem Hintergrund der Wirtschaftskrise, die mit den Turbulenzen um die 1960 in die Unabhängigkeit entlassene Kongo-Kolonie (mit ihren reichen Bodenschätzen in deren südlicher Provinz Katanga) einherging, wurde von Seiten der Flamen jetzt die dauerhafte Festlegung der Sprachgrenze zwischen Flandern und Wallonien sowie um die Hauptstadt und zum kleinen deutschen Sprachgebiet im Osten des Landes gefordert. Dass so etwas in der Praxis schwer zu bewerkstelligen ist, weil eine feste Sprachgrenze – sofern man nicht einen Sperrzaun zwischen den Mitgliedern der einen und der anderen Sprachgruppe errichtet – angesichts von Bevölkerungsfluktuationen, Heiratsgewohnheiten und ähnlichem ein Unding ist, wurde flämischerseits nicht eingesehen.

Es ging dabei vor allem um das zweisprachige Gebiet von Brüssel und einen Teil seines Umlandes. Denn hier drängten die wohlhabenderen Frankophonen vermehrt in die Villenvororte, wo die flämische Sprechermehrheit verloren zu gehen drohte. 1962/63 wurde daher die Festlegung der Sprachgrenze um die Hauptstadt durchgesetzt, nachdem es zuvor mehrere flämische Demonstrationsmärsche auf Brüssel gegeben hatte. Nur in einigen Vororten der Agglomeration, wo der Anteil der Frankophonen inzwischen relativ hoch war, wurde der Sprachgebrauch in Kindergärten und Grundschulen sowie im Verkehr mit den Behörden erleichtert (daher: «Erleichterungsgemeinden», ndl.: *faciliteitengemeenten*, frz.: *communes à facilités*), weil man hier auf den reichen Bevölkerungsanteil und seine Steuerkraft ungern verzichten wollte. Das Problem der Sprachhandhabung im Brüsseler Umland sorgte allerdings immer wieder für neue Auseinandersetzungen.

Von den rund 580000 Einwohnern der fünfunddreißig Brüsseler Randgemeinden, die gemeinsam mit der Hauptstadt einen Stimmbezirk für die Wahlen zu den zentralen Kammern des Parlaments bilden, ist inzwischen ein Viertel französischsprachig; in sechs Vororten bilden die Frankophonen sogar die Mehrheit. Flämischerseits wird daher seit längerem darauf gedrungen, dass dieser Wahlbezirk (Brüssel-Halle-Vilvoorde) in einen für die Hauptstadt selbst und einen für das Umland aufgespalten wird. Dies würde bedeuten, dass auch die französischsprachigen Einwohner der Brüsseler Vororte nur noch flämische Abgeordnete wählen dürfen, während bislang noch Deputierte beider Sprachgruppen wählbar sind. Diese Frage, in der bislang keine der beiden Seiten Kompromissbereitschaft zeigt, hat bis heute immer wieder die Emotionen aufgeheizt und zu den Spannungen, welche die belgische Innenpolitik in den letzten Monaten bestimmten, erheblich beigetragen.

Zur gleichen Zeit wie die Festlegung der Hauptstadtgrenzen erfolgte die Limitierung sowohl des französischen wie des niederländischen und deutschen Sprachgebiets. In den ersten beiden Fällen wurden Grenzen zum Teil sogar mitten durch einzelne Ortschaften gezogen. Diese hatten dann beispielsweise diesseits und jenseits der Sprachgrenze Straßenschilder in verschiedenen Sprachen anzubringen. Eine besondere Situation ergab sich im sog. *Voerstreek* (frz.: *Les Fourons*), einem etwa 5000 qkm großen Landstrich, der direkt an die zum Königreich der Niederlande gehörende Stadt Maastricht grenzt. Er gehörte nunmehr zwar zum Gebiet der flämischen Sprachgemeinschaft, war jedoch infolge der Grenzziehung zwischen Belgien und den Niederlanden aus dem Jahr 1839 davon abgeschnitten. Hier wurde und wird großenteils eine Variante des limburgischen Dialekts gesprochen, mit Anklängen an das im benachbarten Raum um Aachen benutzte Mittelfränkische (dort *Platdütsch* genannt). Wie in Grenzräumen zwischen verschiedenen Sprachzonen meistens üblich, hatten sich in diesem Gebiet im Lauf der Zeit die meisten Bewohner die verschiedenen Idiome angeeignet und sich an ihre Mehrsprachigkeit gewöhnt: Man redete (und redet) neben dem eigenen Dialekt sowohl Niederländisch als auch Französisch und Deutsch. Auch die sorgfältigste Zählung scheitert hier daran, dass es unmöglich ist, jeden Sprechen einer bestimmten Muttersprache eindeutig zuzuordnen. Hier kam es nun nach der innerbelgischen Sprachgrenzziehung zu jahrelangen, heftigen Streitigkeiten um die Zugehörigkeit der rund 4000 Einwohner zur flämischen bzw. zur französischen Sprachgemeinschaft.

Die Festlegung der Sprachgrenze führte nämlich dazu, dass der *Voerstreek* aus der (nunmehr zur französischen Sprachgemeinschaft gehörenden) Provinz Lüttich herausgelöst und der flämischen Provinz Limburg angegliedert, also zu einer limburgischen Exklave wurde. Dagegen wandten sich diejenigen Bewohner, die sich zu den Frankophonen zählten und deshalb die Rückgliederung an die frühere Provinz verlangten. Denn die Angliederung an die Provinz Limburg hatte zur Folge, dass nun strikt das Flämische als Amtssprache galt, also zum Beispiel niemand in den verschiedenen Orten des kleinen Landstrichs Bürgermeister werden konnte, wenn er diese

Sprache nicht beherrschte. Den Frankophonen, etwa die Hälfte der Bevölkerung, wollte man lediglich «Erleichterungen» nach dem Vorbild der Brüsseler Vororte zugestehen. Die daraus erwachsenden Zwistigkeiten fanden schließlich großen Widerhall sowohl in der flämischen wie in der französischen Sprachgemeinschaft Belgiens und schaukelten sich dort zum Prinzipienstreit hoch. Dieser ging so weit, dass es darüber im Oktober 1987 sogar zum Sturz der damaligen Regierung des christlich-sozialen Politikers Wilfried Martens (*1936) kam. Der Streit ist bis heute nicht gelöst, allerdings konnten die Verfechter der «flämischen Sache» bei den Kommunalwahlen von 2006 mit knapp 61 Prozent der Wählerstimmen einen Erfolg verbuchen.

Die Festlegung der innerbelgischen Sprachgrenzen hatte nicht nur politische, sondern auch wirtschaftliche Konsequenzen sowie Auswirkungen auf das Bildungswesen. Denn da seitdem für die Sprachgebiete Flandern und Wallonien in sämtlichen Lebensbereichen nur *ein* bestimmtes Idiom zulässig ist, betrifft die Sprachregelung dort nicht nur sämtliche Betriebe, sondern auch die Kindergärten, Schulen und Hochschulen jeder einzelnen Region.

Die Streitigkeiten um den Sprachgebrauch im Bildungswesen kulminierten in heftigen Auseinandersetzungen um die Niederlandisierung der Universität Löwen (ndl.: *Leuven*, frz.: *Louvain*). Auf dieser Traditionsuniversität wurde auf Niederländisch wie auf Französisch gelehrt. Letzteres sollte nach den Forderungen der Flamen künftig unterbunden werden, da Löwen auf niederländischem Sprachgebiet lag. Die zum Teil heftigen Auseinandersetzungen um diese Frage führten 1968 zur Spaltung der Hochschule in einen flämischen und einen französischen Teil. Dieser wurde dann zu Beginn der 70er-Jahre in das südlich der Sprachgrenze gelegene Städtchen Ottignies verlagert, wo seitdem die Universität Louvain-la-Neuve besteht. Geradezu grotesk verfuhr man dabei mit den Bibliotheksbeständen, die man – in wahrhaft «salomonischer» Weise – nach geraden und ungeraden Signaturen aufteilte. Ähnliches erfuhr im Übrigen die Freie Universität Brüssel, die 1969 in eine französisch- und eine niederländischsprachige Hochschule aufgeteilt wurde.

Auf dem wirtschaftlichen Sektor hatten die genannten Maßnahmen zur Folge, dass in den Betrieben bis hinauf zu den Vorstandsetagen nur noch die jeweilige Regionalsprache benutzt werden durfte. Die Fluktuation von Führungspersonal und Arbeitskräften, die angesichts der ökonomischen Veränderungen und Herausforderungen seit den 70er-Jahren eher hätte erleichtert werden müssen, wurde so erheblich erschwert. Die gegenseitige Abschottung zwischen den Landesteilen wurde auf diese Weise tendenziell stärker. Hierauf ist weiter unten in Kapitel 7 noch näher einzugehen.

Angesichts der sich verschärfenden Spannungen zwischen den beiden großen Sprachgruppen, war es unumgänglich, nach einer politischen Antwort zur Lösung der damit zusammenhängenden Probleme zu suchen. Man fand sie seit den frühen 70er-Jahren in der schrittweisen Föderalisierung Belgiens. Die bisherigen Regelungen zur Fixierung der Sprachgrenzen Flanderns, Walloniens, der Agglomeration Brüssel und des deutschen Sprachgebiets fanden 1970 Eingang in die Verfassung. Die drei Sprachgruppen wurden jetzt zu «Kulturgemeinschaften» erhoben. Sie erhielten sog. Kulturräte, das heißt parlamentarische Vertretungen, die über sämtliche kulturellen Belange zu befinden hatten. Daneben schuf man «Regionen» mit eigenen Kompetenzen auch für wirtschaftliche Angelegenheiten, und zwar die wallonische, die flämische und die der Hauptstadt Brüssel, letztere in ihren 1962/63 fixierten Grenzen. Das deutschsprachige Gebiet wurde der wallonischen Region zugeteilt, an die es direkt angrenzte; es erhielt 1974 – nach jahrzehntelanger Hintanstellung seiner Ansprüche auf sprachliche Gleichstellung – ein umfassendes kulturelles Autonomiestatut.

1977 kamen die drei großen politischen Lager der Christlich-Sozialen, Sozialisten und Liberalen im sog. Egmont-Pakt (so genannt nach dem Egmont-Palais in Brüssel) überein, die Föderalisierung Belgiens zu vollenden. 1980 erfolgte der erste entscheidende Schritt in diese Richtung: Die Kulturgemeinschaften bekamen nun als «Gemeinschaften» einen mit den deutschen Bundesländern vergleichbaren Status. Sie erhielten eigene Parlamente und Regierungen und waren jetzt nicht mehr nur für kulturelle Angelegenheiten zuständig, sondern auch für das Gesundheitswesen und soziale Belange. Zudem durften sie eigene Steuern einziehen. Während die flämische Gemeinschaft mit der flämischen Region deckungsgleich blieb, entschieden sich die Wallonen dafür, eine «Region» gemeinsam mit der deutschsprachigen Minderheit zu bilden (die sich, seit sie nach dem Ersten Weltkrieg belgisch geworden war, stärker auf das direkt benachbarte französische Sprachgebiet ausgerichtet hatte). Zudem beschlossen sie, ihre Gemeinschaft auf die frankophonen Einwohner Brüssels auszudehnen. Dabei bildete Brüssel in seiner Gesamtheit selbst eine eigenständige Region, die allerdings erst im Zuge der Staatsreform von 1988/89 einen Flandern und Wallonien entsprechenden Status im neuen Föderalgefüge Belgiens mitsamt den entsprechenden Befugnissen erhielt. Alle drei Gebietskörperschaften besaßen nunmehr auch Kompetenzen für das Bildungs- und Unterrichtswesen sowie für das Wirtschaftsleben mitsamt der Hoheit über Verkehrsangelegenheiten und die Ausgestaltung der Infrastruktur.

Die letzten Maßnahmen zur völligen Föderalisierung erfolgten 1993/94. Die neue, am 17. Februar 1994 in Kraft tretende Verfassung stellte die nationale Regierung und das nationale Parlament den Volksvertretungen und den Exekutiven der drei Gemeinschaften bzw. Regionen gleich: Sie sind seitdem im Rahmen ihrer Kompetenzen sogar dazu berechtigt, internationale Verträge abzuschließen und ihre Ressortminister zu entsprechenden Verhandlungen mit der Europäischen Union abzuordnen. Über die weiterhin strittige Verteilung des Steueraufkommens zwischen der Zentrale und den Regionen konnte man sich erst 2001 einigen: Sie erhielten jetzt höhere Zuweisungen, außerdem wurden ihre Kompetenzen ausgeweitet, und zwar nicht nur auf die Organisation der Verwaltung ihrer Provinzen und Kommunen sowie auf die agrarische Belange, sondern auch auf den Außenhandel und die Entwicklungshilfe.

Zum Zusammenhalt Belgiens trug dies alles wenig bei, vielmehr wurde die innere Spaltung immer tiefer. Die Reformen verhinderten lediglich das offene Auseinanderfallen des Staatswesens, in den Augen mancher Beobachter haben sie dieses vielleicht auch nur aufgehalten. Denn viele Flamen und Wallonen stehen sich mehr und mehr feindselig gegenüber. Der Norden will den verarmenden Süden nicht länger unterstützen und strebt nach einem eigenen Staat (der früher zeitweilig erwogene Anschluss an das Königreich der Niederlande findet dort keine oder kaum Unterstützung). Wallonien widerstrebt der drohenden Bevormundung durch die Flamen, verlangt aber weiterhin finanzielle Zuwendungen und will deshalb am gemeinsamen Staatswesen festhalten. Denn ein immerhin denkbarer Anschluss an Frankreich ist bei dem südlichen Nachbarn ebenfalls nicht willkommen, weil man sich nicht neben dem nördlichen Lothringen und dem an Belgien angrenzenden Gebiet um Lille, die beide mit ähnlichen Problemen wie das wallonische Industrierevier zu kämpfen haben, ein inzwischen wirtschaftlich rückständiges Gebiet aufhalsen will.

Was die beiden Landesteile Belgiens zusammenhält, ist einmal das bei einer völligen Teilung äußerst schwer zu lösende Problem, was aus der zweisprachigen Hauptstadt Brüssel werden soll – eigenständiges Staatswesen, wallonische Exklave innerhalb von Flandern, flämische Hauptstadt mit frankophoner Sprechermehrheit? –, sowie zum anderen die Institution der Monarchie. Sie konnte sich vor allem seit dem Regierungsantritt König Alberts II. (*1934) im Jahre 1993 profilieren, als Autorität, die – auch wenn sie nicht sonderlich durchsetzungsfähig war – über den politischen Grabenkämpfen stand und steht. Dies hat sich vor allem während der jüngsten Krise des belgischen Staates gezeigt, die immer noch anhält und deren Ausgang ungewiss ist.

Nach den Parlamentswahlen vom 10. Juni 2007 war es infolge der Zersplitterung der Parteien in jeweils flämische und wallonische Gruppierungen, die sich im Zuge des Auseinanderdriftens beider großen Landesteile vollzogen hatte (dazu mehr in Kapitel 5), sechs Monate hindurch nicht möglich, eine tragfähige parlamentarische Mehrheit für eine neue Regierung zustande zu bringen. Die beiden liberalen Parteien, die seit 1999 mit Guy Verhofstadt (*1953) den Regierungschef stellten, hatten ebenso wie die mit ihnen verbündeten Sozialisten Verluste hinnehmen müssen. Die Gewinner aber, die flämische und die wallonische Partei der Christdemokraten unter Yves Leterme (*1960, zuvor Ministerpräsident des flämischen Landesteils), waren nicht in der Lage, eine neue Koalition zu bilden, obwohl der König mehrfach – vermittelnd wie auf das Gebot der politischen Vernunft pochend – die Parteien zum Kompromiss aufforderte. Eine vorläufige Lösung für diese selbst im Vergleich mit europäischen Staaten, bei denen man das eher gewohnt ist, ungewöhnlich lange Regierungskrise wurde schließlich kurz vor Weihnachten 2007 gefunden, nachdem es Mitte November in Brüssel zu einer gewaltigen Demonstration für die Erhaltung der Einheit Belgiens gekommen war. Verhofstadt wurde für die drei folgenden Monate zum Chef einer Übergangsregierung bestellt (mit Leterme seitens der Flamen und dem Finanzminister Didier Reynders (*1958) von wallonischer Seite als stellvertretende Ministerpräsidenten), und diese wurde am 23. Dezember durch das Parlament bestätigt.

Die Einsetzung der Übergangsregierung war an die Bedingung geknüpft, dass die an ihr Beteiligten innerhalb von drei Monaten eine tragfähige Koalition unter einem allseits akzeptierten Regierungschef bildeten. Die Verhandlungen darüber gestalteten sich äußerst schwierig. Neben der bereits erwähnten Brüsseler Problematik ging es vor allem um die Zuständigkeit der nach wie vor zentral verwalteten Sozialkassen für Ruheständler und Arbeitslose. Flämischerseits wurde – wie bereits früher – der Vorwurf erhoben, dass der inzwischen wirtschaftlich weit zurückgefallene Süden mit seiner weitaus höheren Erwerbslosenzahl vom Norden subventioniert werde, dabei aber selbst nicht genug unternehme, um aus seiner Misere herauszukommen. Um Vorschläge zum «Umbau» des belgischen Staates zu entwickeln, bildete der Senat im Januar 2008 eine zwanzigköpfige Arbeitsgruppe – *Octopus* genannt – aus Vertretern der acht größeren Parteien beider Sprachgruppen (Christdemokraten, Sozialisten, Liberale und Grüne). Man kam schließlich überein, eine Koalition der flämischen und wallonischen Christdemokraten und Liberalen sowie der wallonischen Sozialisten unter Yves Leterme zu bilden, die denn auch fristgemäß am 23. März 2008 vom Parlament bestätigt wurde – 286 Tage nach den Wahlen im Sommer des Vorjahres. Verhofstadt, der sich schon seit längerem Hoffnung auf einen hohen Posten bei der Europäischen Union macht, schied aus der aktiven Politik seines Landes aus.

Die Probleme, die bereits die Bildung der neuen Regierung verzögert hatten, ließen sich allerdings auch in der Folge nicht lösen. Der weiteren Föderalisierung Belgiens widersetzten sich die Wallonen, die auf ihrem Anteil an den Zahlungen aus den Sozialkassen bestanden. Die deutschsprachige Gemeinschaft forderte für den Fall, dass künftig die Regionen im belgischen Bundesstaat noch eigenständiger werden sollten, für sich den gleichen Status. Die Flamen zeigten weiterhin offen, dass sie eigentlich mit Belgien überhaupt nichts mehr zu tun haben wollten. Leterme – immer in Angst, die radikalen Flamen könnten seinen Christdemokraten bei den nächsten Wahlen ihre Stimme verweigern – goss sogar noch Öl ins Feuer, indem er in einem Interview die Frage nach den Gemeinsamkeiten, die Belgien noch habe, mit der lakonischen Bemerkung beantwortete: «Den König, die Fußball-Nationalelf und ein paar Biersorten.» Schon im Jahr zuvor hatte er eine seltsame Figur abgegeben, als er kurz nach seinem Wahlerfolg als designierter Regierungschef anlässlich des belgischen Nationalfeiertags (dem 21. Juli) auf eine entsprechende Frage von Journalisten dessen Anlass nicht nennen konnte (nämlich die Vereidigung des ersten Königs der Belgier auf die Verfassung des

Landes im Jahre 1831). Außerdem stimmte er auf die Bitte hin, doch die Nationalhymne zu singen, die französische *Marseillaise* an. In der Öffentlichkeit schüttelte man damals nur den Kopf darüber. Inzwischen aber gibt er das Bild eines Politikers ab, der angesichts des immer aussichtsloseren Streits zwischen den beiden Sprachgruppen nicht mehr recht zu wissen scheint, wie es mit seinem Land weitergehen soll. Und manch Einer fragt sich sogar, inwieweit er als Flame, auch wenn er einen frankophonen Vater hat, überhaupt noch daran interessiert ist.

Mitte Juli 2008 jedenfalls sah Leterme für seine Regierung keinen Handlungsspielraum mehr, da sich die Verhandlungen über einen weiteren Umbau des belgischen Bundesstaats völlig festgefahren hatten. In der Nacht vom 14. zum 15. Juli reichte er dem König sein Rücktrittsgesuch ein. Wie aussichtslos die Lage jedoch war, zeigte sich darin, dass dieser in Ermangelung einer Alternative für die Besetzung des Regierungschefsessels das Gesuch ablehnte. Leterme blieb so weiterhin im Amt, aber einen Ausweg aus der Krise vermögen vorerst weder er noch die übrigen Politiker im Land aufzuzeigen.

Wohin die Entwicklung Belgiens also läuft – wer kann das im Augenblick wissen?

2

LUXEMBURG – VOM ZANKAPFEL ZUM «RUHENDEN POL» IM WESTEN EUROPAS

Luxemburg zählt mit seinen gegenwärtig 457 000 Einwohnern (davon 40 Prozent Ausländer) und einer Fläche von knapp 2600 qkm zwar zu den Kleinstaaten Europas – seine Fläche entspricht etwa der des Saarlands, dessen Bevölkerung aber doppelt so groß ist –, sein politisches Gewicht jedoch kommt dem des belgischen Nachbarn (10,5 Millionen Einwohner, 32 500 Quadratkilometer) mindestens gleich. Ein Blick auf die Landkarte zeigt, dass es direkt westlich an das Großherzogtum angrenzend noch ein «Luxemburg» gibt, nämlich die belgische Provinz dieses Namens mit der Hauptstadt Arlon. Blättert man in einem historischen Atlas, so sieht man, dass beide einst zwischen der mittleren Maas und der mittleren Mosel ein gemeinsames Territorium bildeten, das in früheren Jahrhunderten sogar bis ins heutige französische Mosel-Département und in das deutsche Bundesland Rheinland-Pfalz hineinreichte.

Dieses Gebiet wurde im Mittelalter von den Grafen von Luxemburg beherrscht. Sie stiegen im 14. Jahrhundert im Römisch-Deutschen Reich zum Kaisergeschlecht auf und erwarben 1310 das Königreich Böhmen. 1354 erhob Kaiser Karl IV. (*1316, reg. 1346–1378) sein Stammland zum Herzogtum. 1355 gelangte auch das Herzogtum Brabant mit der Residenz Brüssel an das Haus Luxemburg, das damit im niederländischen Raum, das heißt im Gebiet der heutigen Benelux-Länder, zeitweilig zu einem bedeutenden Machtfaktor wurde. 1455 erbten die Herzöge von Burgund beide Herzogtümer und verleibten sie ihrem Herrschaftsbereich ein, den zwei Jahrzehnte später das Kaiserhaus Habsburg übernahm. Bis zum Beginn des 18. Jahrhunderts gehörte es zur spanischen Krone und seit 1714 den in Wien regierenden Habsburgern. Bis zu den französischen Revolutionskriegen bildete es den östlichen Teil der Österreichischen Niederlande, der vom Hauptteil durch das Fürstbistum Lüttich getrennt war. Luxemburg führte hierdurch ein gewisses Eigenleben. So entsandten zum Beispiel die Stände des Herzogtums 1790 während der bereits erwähnten Brabanter Revolution keine Vertreter in den «Kongress der Vereinigten belgischen Staaten». 1794 wurde Luxemburg der Französischen Republik angegliedert und bildete darin das *Département Forêts* (das «Wälder»-Département, so benannt nach den bewaldeten Hängen der Ardennen).

Im Zuge der territorialen Neuordnung Europas auf dem Wiener Kongress 1814/15 entschieden die europäischen Großmächte, das Gebiet, das zugleich zum «Großherzogtum» erhoben wurde, dem Erbprinzen Wilhelm von Oranien (*1772, † 1843) zu überlassen. Dieser hatte inzwischen die Herrschaft in den nördlichen Niederlanden erlangt und wurde, nachdem man diese mit Belgien vereinigt hatte, als «Wilhelm I.» König der «Vereinigten Niederlande».

Das neue Großherzogtum gehörte nicht direkt zu diesem neuen Staat, sondern hatte einen besonderen Status. Denn zum Einen sollte es nur in Personalunion mit den Vereinigten Niederlanden regiert und nicht in dieses Königreich inkorporiert werden, und zum anderen gehörte der König der Vereinigten Niederlande als luxemburgischer Landesherr dem 1815 neu geschaffenen «Deutschen Bund» an. Eine besondere Aufgabe war dabei für die Hauptstadt vorgesehen. Bereits der große Festungsbaumeister Vauban hatte in der Zeit Ludwigs XIV. – als das Herzogtum einige Jahre hindurch von Frankreich besetzt war – die Stadt Luxemburg zu einer der größten Festungen Europas ausgebaut. Jetzt wurde sie als «Bundesfestung» des Deutschen Bundes modernisiert und erhielt mit Zustimmung des niederländischen Königs eine preußische Besatzung. Die frühere luxemburgische Ostgrenze wurde dabei 1815 etwas nach Westen verlegt und begradigt, so dass auch früher zum Herzogtum Luxemburg zählende Orte wie Bitburg, Neuerburg und St. Vith nunmehr zu Preußen gehörten.

König Wilhelm I. war ein autoritär regierender Monarch, der – ganz im Sinne der europäischen Restaurationszeit nach 1815 – mit der Mitbestimmung durch eine Landesvertretung nichts im Sinn hatte. Dies und seine die französischsprachigen Belgier provozierende Politik waren die Hauptursachen für die Ende August 1830 in Brüssel ausbrechende Revolution, welche die Gründung eines eigenständigen belgischen Staates zur Folge hatte. Auch in Luxemburg war man mit Wilhelms Regierungsweise nicht einverstanden, zumal er den besonderen Status des Großherzogtums nicht beachtete und es als eine Provinz wie die Übrigen in seinem Königreich behandelte. Zu seiner geringen Beliebtheit trug außerdem bei, dass er sich durch Gouverneure vertreten ließ, die in der Regel Niederländer, Deutsche oder Franzosen waren und sich die Probleme der Bevölkerung kaum zu Eigen machten. Er besuchte das Großherzogtum auch während seiner Regierungszeit nur ein einziges Mal: 1817 ließ er sich kurz in der Stadt Arlon blicken.

Hinzu kam, dass der König die Provinzialständeversammlung aus der Zeit vor den französischen Revolutionskriegen in leicht abgewandelter Form wiederbelebte. Sie bestand zwar jetzt nicht mehr aus den alten «Kurien» des Adels, der Geistlichkeit und der Städte, da man einsah, dass eine Repräsentation des Klerus in der Versammlung nicht mehr zeitgemäß war. Dafür gab es jetzt neben der des Adels zwei weitere Kurien, in denen die Städte und die Landgemeinden vertreten waren. Alle drei waren mit je zwanzig Mitgliedern gleich stark, aber nur die Vertreter des Adels wurden von ihren Standesgenossen direkt gewählt. Die Bestimmung der Mitglieder in den beiden übrigen Kurien erfolgte aufgrund eines Zensuswahlrechts, so dass in ihnen nur die wohlhabenden Kreise vertreten waren. Die ärmeren Schichten auf dem Land, wo der weitaus größte Teil der Bevölkerung lebte, hatten unter erneut eingeführten Abgaben und Steuern aus der Feudalzeit zu leiden, wie dem Mahl- oder dem Schlachtzwang: Danach hatten Müller das Vorrecht, Korn zu mahlen, und lediglich Metzgern war das Schlachten von Vieh erlaubt, was beide nur zu überhöhten Preisen taten. Hinzu kam, dass die Erzeugung und die Destillation von Wein infolge hoher Verbrauchssteuern stagnierten und schließlich so stark zurückgingen, dass ein großer Teil der Landbewohner in bittere Armut geriet. Unter diesen herrschte somit größte Unzufriedenheit, während Teile des Adels wie des Bürgertums eher «orangistisch», also dynastiefreundlich gesinnt waren und dies zum Teil auch nach 1830 noch blieben. Von der Mehrheit der Bevölkerung aber wurde die Brüsseler Revolution enthusiastisch begrüßt, und die Zustimmung steigerte sich noch, da die anschließend ausgearbeitete belgische Verfassung überaus fortschrittlich war. Eine Vereinigung mit dem neuen Königreich Belgien wurde daher von den meisten Luxemburgern ausdrücklich gewünscht.

In die politischen Turbulenzen, die aus der Gründung des neuen belgischen Staates erwuchsen, wurde Luxemburg aus zwei Gründen hineingezogen, so dass die «belgische Frage», welche die Großmächte Großbritannien, Frankreich, Österreich, Russland und Preußen bis 1839 beschäftigte, zum Teil auch eine «luxemburgische» war. Denn einmal galt ja das Großherzogtum, staatsrechtlich gesehen, als Sondergebiet innerhalb der jetzt zerfallenen Vereinigten Niederlande, und es war unbestreitbar Eigentum König Wilhelms I. Daher war es für die monarchisch regierten großen Mächte undenkbar, dem Land den Anschluss an das «revolutionäre» Belgien freizustellen oder es in die Unabhängigkeit zu entlassen. Zudem war bei einer Angliederung an Belgien die weitere Zugehörigkeit zum Deutschen Bund zu klären. Bereits 1831 schlug die in London tagende Botschafterkonferenz der «großen Fünf» die Teilung des luxemburgischen Staatsgebiets etwa entlang der deutsch-französischen Sprachgrenze vor (eine Teilung war für auch für die Provinz Limburg vorgesehen, deren südlicher Teil links der Maas an Belgien fallen sollte). König

Wilhelm I. verweigerte aber acht Jahre lang seine Zustimmung für diese Regelung. Sie wurde dennoch durchgesetzt, aber erst durch den sog. Endvertrag zwischen dem restlichen Königreich der Niederlande und Belgien vom 19. April 1839 sanktioniert. Das seines westlichen Teils beraubte, nunmehr auf ein Drittel seiner Fläche reduzierte Großherzogtum stand weiterhin unter der Herrschaft der niederländischen Krone und verblieb im Deutschen Bund, dem Wilhelm I. zusätzlich mit dem niederländisch gebliebenen Teil von Limburg beitrat. Außerdem blieb die Stadt Luxemburg Bundesfestung mit preußischer Besatzung. Diese Regelungen galten bis zur Auflösung des Deutschen Bundes im Jahre 1866.

Zwischen 1830 und 1839 war Luxemburg größtenteils in belgischer Hand. Im «Belgischen Nationalkongress», der im November 1830 zusammentrat, um eine Verfassung auszuarbeiten, saßen auch luxemburgische Vertreter, ebenso wie in den beiden Kammern des 1831 gewählten ersten belgischen Parlaments. Die zeitweilige Zugehörigkeit zum fortschrittlicheren Nachbarland blieb in Luxemburg nicht ohne Auswirkungen auf das politische Denken. König Wilhelm I. zog jedoch nach der endgültigen Wiederherstellung seiner Herrschaft im Rest-Großherzogtum daraus keine Konsequenzen. Allerdings dankte er bereits im Oktober 1840 ab und überließ den Thron seinem Sohn Wilhelm II. (*1792, † 1849). Dieser rief im Oktober 1841 eine Repräsentativversammlung neuer Art ins Leben, die zwar auch nur eine ständische Vertretung war, jedoch gegenüber der Regierung einige Mitbestimmungsrechte besaß. Die Exekutive sollte jetzt ganz aus Luxemburgern bestehen, was die Eigenständigkeit des Großherzogtums gegenüber den Niederlanden unterstrich.

Die wohl wichtigste Maßnahme Wilhelms II. war der Beitritt Luxemburgs zum Deutschen Zollverein im Februar 1842, der dem Land – das noch immer am Verlust des großen französischen Marktes zur Zeit Napoleons litt und sich dem reicheren Belgien nicht hatte anschließen dürfen – vor allem den Markt des benachbarten preußischen Staatsgebiets öffnete. Dieser Anschluss war nicht unumstritten, da er zu einer ökonomischen Abhängigkeit vor allem von Preußen führte, er bescherte dem Großherzogtum aber auf längere Sicht mehr Wohlstand. Wirtschaftliche Impulse gingen auch vom Eisenbahnbau aus, der die Stadt Luxemburg zu einer Art Drehkreuz zwischen Preußen, Belgien und Frankreich machte.

Anders als Belgien und die Niederlande wurde das Großherzogtum im Frühjahr 1848 durchaus von den revolutionären Bewegungen erfasst, die damals Frankreich und die meisten Staaten des Deutschen Bundes erschütterten. Auch in Luxemburg hing diese Bewegung mit einer Wirtschaftskrise zusammen, die sich seit der Mitte der 1840er-Jahre immer mehr verschlimmert hatte. Wilhelm II. kam allerdings – ähnlich wie in seinem Königreich – den Forderungen nach neuen Verfassungsbestimmungen entgegen und ließ die Ständeversammlung eine Verfassung nach belgischem Vorbild ausarbeiten, die bereits im Juli 1848 verkündet wurde. Sie enthielt einen Grundrechtekatalog und sah nunmehr ein direkt gewähltes Parlament *(Deputiertenkammer/Chambre des Députés)* vor, für das zwar nur etwas mehr als 3 Prozent der Bevölkerung das Wahlrecht besaßen, das dafür aber für die Verabschiedung des Staatshaushalts zuständig war. Die Mitglieder der großherzoglichen Regierung waren zudem jetzt dem Parlament gegenüber für ihre Akte verantwortlich, auch wenn sie nicht von ihm durch Misstrauensvotum gestürzt werden konnten. Der ein Jahr später auf dem niederländischen wie dem luxemburgischen Thron folgende Wilhelm III. (*1817, †1890) setzte 1856 allerdings die Regelungen von 1848 außer Kraft und berief wieder die alte, jedoch stark verkleinerte Ständeversammlung ein, die kein Kontrollrecht mehr über die Regierung besaß. Das Wahlrecht wurde rigide eingeschränkt und konnte nur noch von einer kleinen Gruppe sehr reicher Leute ausgeübt werden.

Diese Maßnahmen sind im Zusammenhang mit den restaurativen Tendenzen zu sehen, die sich in den 1850er-Jahren in Europa allgemein und besonders in den Staaten des Deutschen Bundes wieder durchsetzten. In Luxemburg stießen sie trotz Beschränkung der

Wählerschaft keineswegs auf Zustimmung des Bürgertums. Gerade in den wohlhabenden Kreisen war mittlerweile die Sympathie für die belgischen Verfassungsverhältnisse größer als für die politische Reaktion im östlichen Nachbarland Preußen. Dass es nicht zu größeren Spannungen kam, lag vor allem daran, dass sich der König in Luxemburg seit 1850 durch seinen Bruder Heinrich (*1820, †1879) vertreten ließ, der es immer wieder verstand, eine Eskalation der politischen Spannungen zu vermeiden.

Ein neues Kapitel der Entwicklung Luxemburgs wurde mit der Auseinandersetzung zwischen Preußen und Österreich um die Vorherrschaft in Deutschland im Sommer 1866 aufgeschlagen. Der rasche Sieg Preußens, das daraus resultierende Ende des Deutschen Bundes unter österreichischer und die Gründung des Norddeutschen Bundes unter preußischer Führung warfen nun die Frage auf, was aus Luxemburg werden sollte. In der Festung seiner Hauptstadt befand sich noch immer eine preußische Besatzung, und man gedachte in Berlin nicht, sie ohne weiteres abzuziehen. Um ein Eingreifen Frankreichs in die innerdeutschen Auseinandersetzungen zu verhindern, hatte der preußische Regierungschef Bismarck dem französischen Kaiser Napoleon III. vor dem Krieg vage Zusicherungen im Hinblick auf Gebietserwerbungen an der französischen Nordostgrenze gemacht. Napoleon wandte sich nun im März 1867 an den niederländischen König mit dem Vorschlag, ihm das Großherzogtum abzukaufen. In den Niederlanden war man damit einverstanden, da man fürchtete, Preußen könnte auf der Angliederung von Niederländisch-Limburg bestehen, das ja wie Luxemburg zum nicht mehr existierenden Deutschen Bund gehört hatte. Das mächtige Frankreich – so meinte man – würde dies nach dem Erwerb von Luxemburg wohl zu verhindern wissen. Bismarck lehnte den Kaufplan vehement ab und mobilisierte die deutsche Öffentlichkeit dagegen.

Ehe es jedoch zu unüberwindbaren Spannungen zwischen Preußen und Frankreich kam, trat im April auf russischen Vorschlag hin erneut eine Botschafterkonferenz der europäischen Großmächte in

London zusammen, auf der auch die Niederlande und Belgien vertreten waren. Am 11. Mai 1867 kam man dahingehend überein, Luxemburg als unabhängigen Staat zu erhalten, dem Großherzogtum aber – ähnlich wie Belgien dreieinhalb Jahrzehnte zuvor – einen international garantierten Neutralitätsstatus zu verleihen. Preußen willigte in die Räumung der Festung Luxemburg ein, die anschließend geschleift werden sollte. Das Großherzogtum wiederum erneuerte im Juli seine Mitgliedschaft im – inzwischen längst auch die süddeutschen Staaten umfassenden – Deutschen Zollverein.

Die Lösung der «Luxemburg-Krise» von 1867 war eine der letzten Glanztaten der europäischen Diplomatie des 19. Jahrhunderts. Dass es trotzdem drei Jahre später zum deutsch-französischen Krieg kam, hatte mit Luxemburg allerdings insofern etwas zu tun, als man in Paris die Verhinderung dieses Erwerbs als eine bittere Niederlage empfand, die man Preußen bei nächster Gelegenheit heimzuzahlen gedachte. Diese Gelegenheit ergab sich im Sommer 1870 durch die Krise wegen der möglichen Thronfolge eines Hohenzollernprinzen in Spanien, die – durch Bismarck publizistisch kräftig angeheizt – zur französischen Kriegserklärung führte. Die Neutralität Luxemburgs wurde aber 1870/71 von keiner der beiden Kriegsparteien ernsthaft in Frage gestellt. Die Angliederung von Elsass-Lothringen an das im Januar 1871 ausgerufene Deutsche Reich brachte für Luxemburg sogar enorme ökonomische Vorteile, über die im Kapitel 8 mehr zu berichten sein wird.

Luxemburg erhielt, nachdem es als Staat in seinem Fortbestand bestätigt worden war, im Jahre 1868 eine neue Verfassung, die auf der von 1848 basierte und aus dem Großherzogtum endgültig eine parlamentarische Monarchie machte. Sie gilt trotz zahlreicher Änderungen, die vor allem die monarchische Thronfolge und die Erweiterung des Wahlrechts betrafen (besonders die Einführung des Frauenstimmrechts im Jahre 1919), bis heute (vgl. dazu unten, Kap. 4).

Einen wesentlichen Wandel brachte das Jahr 1890. Mit dem Tod des König-Großherzogs Wilhelm III. erlosch das Haus Oranien im

Mannesstamm. Während in den Niederlanden auch die weibliche Thronfolge möglich war und so die Kronprinzessin Wilhelmina (*1880, †1962) Königin werden konnte, schloss die luxemburgische Verfassung dies aus. Es musste also ein Nachfolger gefunden werden. Man fand ihn in der Person des 1866 wegen seiner Gegnerschaft zu Preußen seines Landes beraubten früheren Herzogs Adolf von Nassau (*1817, †1905). Da die Oranier eine Nebenlinie des Hauses der Grafen (seit 1806 Herzöge) von Nassau waren, kam aufgrund des «Nassauischen Hausvertrags» von 1783 nur Adolf als nächster männlicher Verwandter König Wilhelms III. für die Nachfolge in Frage. Ihm folgte 1905 sein Sohn Wilhelm IV. (*1852, †1912). Da dieser jedoch ohne Söhne starb, wurde nun auch im Großherzogtum Luxemburg das Thronerbrecht geändert und auf die weiblichen Nachkommen ausgedehnt.

Nach dem Ersten Weltkrieg schied Luxemburg, nachdem seine Neutralität ebenso wie die Belgiens von den Deutschen verletzt worden war, aus dem deutschen Zollverband aus. In Belgien wünschte man sich den nach 1830 nicht gelungenen politischen Anschluss des Großherzogtums, den allerdings weder die Siegermächte noch die Luxemburger selbst wollten. Es kam aber zu einer Zoll- und Währungsunion zwischen beiden Staaten. Sie galt bis zu den Veränderungen, welche die europäische Integration für die Staaten Westeuropas in ökonomischer Hinsicht brachte. Mit der Einführung des Euro zu Beginn des Jahres 2002 ging die belgisch-luxemburgische Währungsunion in der neuen, den gesamten Westen des europäischen Kontinents umfassenden Währungszone auf. Die wirtschaftliche Kooperation zwischen Luxemburg und Belgien war für beide Seiten vorteilhaft, und diese Tatsache führte mit dazu, dass die Exilregierungen sowohl Belgiens und Luxemburgs als auch die der Niederlande 1944 für ihre Länder eine künftige Zoll- und Wirtschaftsunion (Benelux) verabredeten und sie nach dem Krieg verwirklichten.

Im Zweiten Weltkrieg hatte Luxemburg allerdings zuvor eine bittere Zeit durchzumachen. Das Land wurde unter erneuter Verletzung

Der Palais des Europäischen Gerichtshofs in Luxemburg

seiner Neutralität ebenso wie die Niederlande und Belgien zu Beginn des Frankreichfeldzugs im Mai 1940 von deutschen Truppen besetzt und bald darauf dem NS-Gau Trier-Koblenz (später umbenannt in «Moselland») angegliedert, mit dem Ziel, die Bevölkerung «einzudeutschen». Die Einführung des Reichsarbeitsdienstes und die Einziehung der Jahrgänge zwischen 1920 und 1927 zum Wehrdienst stießen auf versteckten wie offenen Widerstand, der 1942 in einem Generalstreik gipfelte. Dieser war allerdings chancenlos und wurde von den Deutschen mit aller Härte niedergeschlagen. Zu den Drangsalierungen kam die Verfolgung von Juden, Sinti und Roma. Nach der Befreiung hatte das kleine Land nahezu 2 Prozent seiner Bevölkerung verloren. Materielle Schäden in erheblichem Umfang kamen hinzu.

Diese Erfahrungen bekräftigten nur den Willen, künftig mit den Niederlanden und Belgien enger zu kooperieren, und förderten die Bereitschaft, sich ganz auf die in den 50er-Jahren einsetzende europäische Integration einzulassen. Die Hauptstadt Luxemburg wurde

1952 Sitz der «Hohen Behörde» für die neu gegründete «Europäische Gemeinschaft für Kohle und Stahl» (Montanunion) und blieb es bis 1967, als die obersten Behörden der 1958 ins Leben gerufenen europäischen Institutionen – EWG (Europäische Wirtschaftsgemeinschaft) und EURATOM (Europäische Atomgemeinschaft) – in Brüssel zusammengeführt wurden. In Luxemburg hat dafür seit 1957 der damals errichtete Europäische Gerichtshof seinen Sitz erhalten, dazu der seit 1977 bestehende Europäische Rechnungshof. Dass beide Institutionen in der Hauptstadt des Großherzogtums ansässig sind, verdeutlicht das Prestige, das sich das Land im Zusammenhang mit der Integration Europas erworben hat.

3

ZWISCHEN FÖDERALISMUS UND SEPARATISMUS – DAS POLITISCHE SYSTEM IM KÖNIGREICH BELGIEN

Belgien erhielt – wie bereits erwähnt – nach langen inneren Auseinandersetzungen am 17. Februar 1994 eine neue Verfassung, womit die seit 1993 im Gang befindliche innere Staatsreform zum Abschluss kam. Außer Kraft gesetzt wurde damit die immer wieder revidierte und ergänzte Verfassung von 1831, eine der ältesten Konstitutionen Europas, die wie kaum eine andere auf dem Kontinent Akzente für ein parlamentarisches System gesetzt und für die Liberalen vieler Länder lange Zeit geradezu Modellcharakter besessen hatte.

An die Stelle des traditionellen Zentralstaats trat nun eine für Belgien bisher ungewohnte Föderation. Die Gliederung des Königreichs ist – davon war bereits die Rede – keineswegs eindeutig, da sich die Grenzen und Zugehörigkeiten zu den verschiedenen föderalen Gebietskörperschaften überlappen. Belgien besteht einerseits aus den «Gemeinschaften» (ndl.: *gemeenschappen*, frz.: *communautés*) der drei Sprachgruppen, der niederländischsprachigen und der frankophonen (mit Einschluss der jeweiligen Einwohner von Brüssel) sowie der deutschsprachigen. Das Königreich ist aber außerdem eingeteilt in die vier «Sprachgebiete» (ndl.: *taalgebieden*, frz.: *communautés linguistiques*) Flandern und Wallonien sowie – getrennt davon – das zweisprachige Brüssel und das kleine deutschsprachige Gebiet im Osten. Und schließlich besteht das Land aus drei (mit unseren Bundesländern vergleichbaren) «Regionen» (ndl.: *gewesten*, frz.: *régions*), nämlich dem niederländisch- bzw. flämischsprachigen Flandern

(Vlaanderen), dem französischsprachigen Wallonien *(Wallonie)* und der zweisprachigen Hauptstadt Brüssel; das deutschsprachige Gebiet zählt mit zur Region Wallonien, in der es weiterhin über die seit 1973 bestehende kulturelle Autonomie verfügt. Beginnen wir mit den übergeordneten, nationalen Einrichtungen.

Belgien ist nach wie vor eine parlamentarisch-demokratische Monarchie: parlamentarisch seit 1831, endgültig demokratisch seit Einführung des allgemeinen Stimmrechts für Männer (und dazu den Kriegerwitwen des Ersten Weltkriegs) im Jahre 1919 sowie des allgemeinen Frauenstimmrechts 1948. Die beiden Kammern des Parlaments sind die der Volksvertreter (ndl.: *Kamer van de Volksvertegenwoordigers*, frz.: *Chambre des Représentants)* mit 150 und der Senat mit 71 Mitgliedern. Die Volksvertreter werden direkt gewählt. Wahlberechtigt sind alle Staatsbürger ab achtzehn Jahren, und es besteht Wahlpflicht. Von den Abgeordneten der Volksvertretungskammer gehören 91 zur flämischen und 59 zur französischen Sprachgruppe. Für Gesetze, die den Aufbau des Staates betreffen, ist eine doppelte Mehrheit erforderlich: einmal zwei Drittel der Abgeordneten insgesamt, zum zweiten mindestens die einfache Mehrheit der die Flamen und der die Frankophonen repräsentierenden Deputierten.

Komplizierter ist die Zusammensetzung des Senats, der früher ebenfalls direkt gewählt wurde (wobei man zum Senator jetzt bereits mit einundzwanzig Jahren gewählt werden kann, früher jedoch mindestens das vierzigste Lebensjahr erreicht haben musste): 25 der Senatoren werden in der Region Flandern, 15 in der Region Wallonien (mit Einschluss des deutschsprachigen Gebiets) gewählt. Darüber hinaus bestimmen die flämische und die französische Gemeinschaft durch ihre Gemeinschaftsräte jeweils zehn Senatoren und die deutsche Sprachgemeinschaft benennt einen weiteren Senator. Alle Gemeinschaften zusammen kooptieren dann weitere zehn Senatoren, und zwar sechs Flamen und vier Wallonen. Damit sind der niederländischsprachige Teil Belgiens im Senat durch 41 (58 Prozent), der frankophone Teil durch 29 Senatoren (41 Prozent) und die deutschsprachige Minderheit durch einen Senator (nicht ganz 1 Prozent) vertreten. Dies entspricht ungefähr dem jeweiligen Anteil der Sprachgruppen an der Gesamtbevölkerung.

Während früher Volksvertretungskammer *und* Senat den Gesetzesvorhaben der Regierung zustimmen mussten, ist der Senat durch die neue Verfassung in seiner Bedeutung etwas eingeschränkt worden. Seine Zustimmung ist nur noch für Verfassungsänderungen sowie für Gesetze zwingend erforderlich, durch welche die Kompetenzen der Zentral-, Föderal- und Regionalorgane berührt werden. Neu ist die Einrichtung eines «Konzertierungsausschusses» (ndl.: *Parlementaire overlegcommissie*, frz.: *Commission parlementaire de concertation*), der sich paritätisch aus Vertretern beider Kammern zusammensetzt und seiner Funktion nach in etwa dem deutschen Vermittlungsausschuss zwischen Bundestag und Bundesrat entspricht.

Die Exekutive besteht aus dem König und der von ihm ernannten föderalen Regierung. Dabei fällt auf, dass die Rolle des Monarchen im Verfassungstext erst nach der des Parlaments abgehandelt wird. Zwar war dies auch schon in der Verfassung von 1831 der Fall – entgegen den Gepflogenheiten monarchischer Verfassungen sonst, die stets zuerst die Rechte und Aufgaben des Staatsoberhaupts sowie Fragen der Thronfolge und Regentschaft fixierten. Allerdings hatte der Monarch innerhalb des parlamentarischen Systems früher mehr Spielraum, während er jetzt fast nur noch repräsentative Aufgaben wahrnimmt. Dies ist sicherlich mit auf die erwähnten Erfahrungen mit der Königskrise um Leopold III. im Jahre 1950 zurückzuführen.

Die Regierung, die von der Volksvertretungskammer mit absoluter Mehrheit bestätigt werden muss, besteht aus fünfzehn Mitgliedern, das heißt aus dem Premierminister (ndl.: *Eerste Minister*, frz.: *Premier Ministre*) und vierzehn Ressortministern, die je zur Hälfte aus der flämischen und der frankophonen Sprachgemeinschaft kommen müssen. Beim Regierungschef lässt es die Verfassung offen, welcher der Sprachgemeinschaften er anzugehören hat, faktisch ist er jedoch schon seit langem Mitglied der flämischen. Die Regierung ist der Volksvertretungskammer gegenüber verantwortlich. Anders als früher kann ein Regierungschef aber durch Misstrauensvotum (ndl.: *motie van wantrouwen*, frz.: *motion de méfiance)* nur gestürzt werden, wenn zugleich ein neuer gewählt wird. In dieser Hinsicht ist man – ähnlich wie bereits 1978 in Spanien – dem Modell des «konstruktiven Misstrauensvotums» im deutschen Grundgesetz gefolgt. Allerdings kann der Vorschlag der Kammermehrheit für einen neuen Premierminister auch drei Tage nach dem Misstrauensvotum erfolgen. Anderenfalls bleibt es folgenlos, der König kann in diesem Fall aber die Kammer auflösen. Dies darf er auch dann, wenn ein Antrag der Regierung, ihr das Vertrauen auszusprechen, abgelehnt wird (Art. 46). Die Auflösung der Volksvertretungskammer zieht stets auch die des Senats nach sich.

Die Regelung des konstruktiven Misstrauensvotums, die es zuvor nicht gab, hat zunächst in nicht zu unterschätzender Weise zur politischen Stabilität beigetragen. Waren in Belgien zwischen 1944 und 1988 insgesamt 36 Kabinette im Amt – also jedes durchschnittlich elf Monate –, so waren es in den letzten beiden Jahrzehnten (das heißt bis zu den Parlamentswahlen im Juni 2007) nur fünf. Die letzten drei Kabinette amtierten sogar jeweils eine ganze Legislaturperiode hindurch, das heißt vier Jahre. Dies war dadurch möglich, dass mittlerweile Regierungskrisen nicht mehr so leicht herbeigeführt werden können wie früher. Diesem – auf die neue Verfassung zurückzuführenden – Stabilitätsfaktor steht allerdings die Verpflichtung zur paritätischen Beteiligung von Flamen und Wallonen an der Regierung entgegen, die eine Kabinettsbildung ebenso erschwert wie das inzwischen sehr unübersichtliche, in politische Lager aufgespaltene und in Kleingruppen zersplitterte Parteiensystem (vgl. dazu unten, Kap. 5). Erschwerend hinzu kommt die Regelung, dass in der Volksvertretungskammer drei Viertel der Abgeordneten einer Sprachgruppe jederzeit erklären können, ein Gesetzesvorhaben der Regierung gefährde ernsthaft die Beziehungen zwischen den Sprachgemeinschaften. In diesem Fall muss das Gesetzgebungsverfahren abgebrochen werden (Art. 54). Allerdings ist davon die Festsetzung des jährlichen Staatshaushalts nicht betroffen.

Das eigentliche Problem der belgischen Verfassung besteht jedoch in den unklar voneinander abgegrenzten Kompetenzen der Gesamt-Regierung und der Regierungen in den föderalen Gebietskörperschaften. Die Region Flandern und die flämische Sprachgemeinschaft (welche die niederländischsprachigen Brüsseler einschließt) hat ein gemeinsames Parlament – den «Flämischen Rat» *(Vlaamse Raad)* – und besteht aus 124 Abgeordneten. Diese wählen die flämische Regierung mit ihrem Ministerpräsidenten. Die französische Gemeinschaft besitzt gleichfalls eine Regierung und ein Parlament *(parlement wallon)*. Von seinen 94 Abgeordneten sind 75 zugleich Mitglieder des «Wallonischen Regionalrats» *(conseil régional wallon)* und neunzehn sind frankophone Angehörige des Regionalrats der Hauptstadt Brüssel.

Zur Region Wallonien gehört formal auch das Gebiet der deutschsprachigen Gemeinschaft. An sie sind jedoch die meisten Kompetenzen Walloniens (kulturelle Angelegenheiten, Denkmal- und Landschaftsschutz, Beschäftigungspolitik, Aufsicht über die Gemeinden) delegiert worden. Die deutschsprachige Gemeinschaft mit ihren knapp 75 000 Einwohnern hat ein eigenes kleines Parlament (früher «Kulturrat» genannt) mit 25 Abgeordneten, die – mit Einschluss des «Ministerpräsidenten» – eine Regierung von lediglich vier Mitgliedern wählen.

Auch die Hauptstadt Brüssel mit ihren knapp über einer Million Einwohnern verfügt über ein Regionalparlament (frz.: *Parlement régional bruxellois*, ndl.: *Brusselse hoofdstedelijke raad*) mit 89 Sitzen (72 frankophonen und siebzehn flämischen Abgeordneten). Sie werden von der frankophonen Mehrheit und der flämischen Minderheit[8] gewählt, die ihrerseits auch einige Vertreter in den Flämischen Rat entsendet. Die Brüsseler Regierung besteht aus einem Ministerpräsidenten, vier Ministern und drei Staatssekretären.

Es liegt auf der Hand, dass die Zusammenarbeit zwischen den parlamentarischen Gremien und den Regierungen auf Gemeinschafts-

bzw. Regionalebene sowohl untereinander als auch zwischen ihnen und den zentralen Verfassungsorganen nicht leicht fällt, ja sogar zahlreiche Reibungsflächen bietet. Obwohl sie nahe beieinander tagen und arbeiten (denn Brüssel ist sowohl belgische Hauptstadt als auch Zentrale der flämischen wie der wallonischen Gemeinschaft), gibt es viele Meinungsverschiedenheiten, zumal eine der Gemeinschaften – die der Flamen – am liebsten aus dem belgischen Staatsverband ausscheiden würde. Vom Standpunkt der Verfassungsverhältnisse her gesehen ist es außerdem problematisch, dass in Belgien nicht der Grundsatz gilt, dass die oberste Regierungsinstanz rechtlich den Ebenen darunter übergeordnet und daher höherrangig ist (wie es in Deutschland durch das im Grundgesetz verankerte Prinzip «Bundesrecht bricht Landesrecht» der Fall ist).

Die Verfassung von 1994 beruhte im Grunde auf einem «faulen» Kompromiss zwischen denjenigen, die gewissermaßen auf dem Sprung waren, aus dem belgischen Staatsverband auszuscheiden, und jenen, die ihn bewahren, jedoch dabei für sich das Bestmögliche herausschinden wollten. Ganz abgesehen davon, dass sich das Land – wenn man die Amtsträger auf sämtlichen administrativen Ebenen addiert – eine überaus teure Verwaltung leistet, steht es auch vor dem Problem, für das gesamte Staatswesen meistens völlig divergierende Interessen auf einen Nenner bringen zu müssen. Die Folge ist ein fortwährender politischer Spagat, der ohne grundlegende Kompromissbereitschaft von allen Seiten auf die Dauer kaum durchzuhalten ist.

4

LUXEMBURG ALS MONARCHIE UND PARLAMENTARISCHE DEMOKRATIE

Ebenso wie Belgien gehört Luxemburg zu den wenigen Ländern Europas, die noch einen Monarchen bzw. eine Monarchin zum Staatsoberhaupt haben. Nur einmal, kurz nach dem Ersten Weltkrieg, stand die Monarchie hier auf dem Prüfstand. Damals hatte die seit 1912 selbstständig regierende Großherzogin Marie-Adelheid (*1894, †1924) die Sympathien in der Bevölkerungsmehrheit verspielt, weil sie sich während des Krieges allzu deutschlandfreundlich verhalten hatte. Außerdem warf man ihr vor, gegenüber dem Parlament autoritär agiert und gegen die dortige Mehrheit der Liberalen und Sozialisten regiert zu haben. Ein Aufstand linker Kräfte in der Hauptstadt im Januar 1919 scheiterte allerdings unter anderem deswegen, weil die inzwischen einmarschierten alliierten Truppen den großherzoglichen Palast schützten. Immerhin setzte das Parlament eine Volksabstimmung über die Beibehaltung der Monarchie an, welche im September mit rund 78 Prozent der Wählerstimmen bestätigt wurde.

Dieses Ergebnis war jedoch zum großen Teil auf die Abdankung der Großherzogin noch im Januar zurückzuführen. Ihr war ihre Schwester Charlotte (*1896, †1985, reg. 1919–1964) nachgefolgt, die weitaus größere Sympathien genoss. Seitdem ist die Monarchie unbestritten geblieben, zumal Charlotte während des Zweiten Weltkriegs in London im Exil weilte und sich – anders als der belgische König Leopold III. – nicht dem Verdacht der Kollaboration mit der deutschen Besatzungsmacht aussetzte.

Das Jahr 1919 bildete auch deswegen eine Zäsur in der Geschichte des Großherzogtums, weil bereits vier Monate vor dem Volksentscheid über die Monarchie eine grundlegende Verfassungsänderung erfolgt war: Im Mai 1919 verfügte das Parlament, dass die Souveränität künftig nicht mehr bei der monarchischen Gewalt, sondern beim Volk liege und der Großherzog bzw. die Großherzogin sie nur in dessen Namen ausüben dürfe (Art. 32). Außerdem wurde das «allgemeine, einfache und gleiche Wahlrecht» für Männer *und* Frauen eingeführt (Art. 52). Luxemburg war damit (nach Norwegen, Dänemark, Österreich, Deutschland und Polen sowie gemeinsam mit den Niederlanden) eines der ersten parlamentarisch regierten Länder in Europa, die das uneingeschränkte Frauenstimmrecht einführten.

Das Land war damit eine parlamentarische Demokratie geworden und dies wurde so auch im Text der Verfassung festgehalten (Art. 51). Im Vergleich zu den Nachbarstaaten wurde die Gewaltenteilung aber strikter gehandhabt: Bis heute steht nur dem Monarchen die Ernennung der Regierungsmitglieder zu, die ihrerseits nicht der Abgeordnetenkammer angehören dürfen bzw. aus ihr ausscheiden, wenn sie ein Ministeramt übernehmen. Die Möglichkeit eines Regierungssturzes durch ein Misstrauensvotum des Parlaments kennt die luxemburgische Verfassung nicht (Minister sind für ihre Handlungen nur strafrechtlich verantwortlich). Allerdings hat der Großherzog die Möglichkeit, die Versammlung aufzulösen und Neuwahlen für den Fall auszuschreiben, dass die von ihm eingesetzte Regierung nicht mehr über die Mehrheit in der Kammer verfügt.

Die Abgeordnetenkammer besteht gegenwärtig aus 60 Abgeordneten (je einem für 4000 bis 5500 Wähler). Sie werden nach dem Verhältniswahlrecht gewählt; eine Hürde wie die deutsche Fünf-Prozent-Klausel gibt es nicht. Da der Monarch den Regierungschef und die (mindestens drei) Minister ernennt, bedarf es auch nicht der Regelung eines konstruktiven Misstrauensvotums. Allerdings ist der Großherzog gehalten, eine Regierung zu bilden, die in der Abgeordnetenkammer die Mehrheit hinter sich hat.

Im Prinzip ist die Verfassung, wie sie seit 1919 besteht, bis heute nur an wenigen Stellen ergänzt bzw. präzisiert worden, sie wurde aber – wenn man einmal von der förmlichen Abschaffung der Todesstrafe im Jahre 1999 absieht (sie war in den Jahrzehnten zuvor ohnehin nicht mehr verhängt worden) – nicht grundlegend verändert. Im Wesentlichen kann man sogar von einer Fortentwicklung der Verfassung von 1868 sprechen, die eben nach dem Ersten Weltkrieg einen ausgeprägt parlamentarisch-demokratischen Charakter erhielt. Eine den Geist der Verfassung selbst nicht tangierende Änderung bestand darin, dass nach dem Zweiten Weltkrieg das Prinzip der Neutralität Luxemburgs aufgegeben wurde: Das Land erklärte sich lediglich für frei, unabhängig und unteilbar (Art. 1). Verfassungsrechtlich wirklich relevant war jedoch, dass man im Jahre 2003 die Modalitäten einer Verfassungsänderung neu bestimmte. Erfolgte diese ursprünglich im Einvernehmen zwischen dem Großherzog und der Abgeordnetenkammer, die hierfür neu gewählt werden musste, so sind seit 2003 zwei Abstimmungen im Abstand von einem Vierteljahr notwendig, bei denen zwei Drittel der Deputierten anwesend sein müssen und in denen die einfache Mehrheit genügt. Im Anschluss daran hat eine Volksabstimmung stattzufinden, wenn entweder zwei Fünftel der Abgeordneten dies fordern oder 25 000 in offizielle Listen eingetragene Wähler es durch Unterschrift verlangen. Beim anschließenden Referendum genügt ebenfalls die einfache Mehrheit (Art. 114).

Die inzwischen seit Jahrzehnten gut eingespielten Verfassungsverhältnisse und das im Gegensatz zu Belgien nach wie vor übersichtliche Parteiensystem (vgl. Kap. 6) ermöglichen seit jeher stabile Regierungen und eine kontinuierliche politische Arbeit. Sie funktioniert auch deswegen recht gut, weil man es in Luxemburg trotz in dieser Hinsicht ebenfalls nicht ganz einfacher Verhältnisse nie zu einem Sprachenstreit hat kommen lassen.

Denn Luxemburg ist gleichfalls ein mehrsprachiges Land, wenn sich hier auch die Verhältnisse von denen in Belgien unterscheiden.

Zwar gab es auf dem Territorium des Großherzogtums, wie es bis 1831/39 bestand, eine deutliche französischsprachige Mehrheit im Westen und eine deutschsprachige Minderheit im Osten, doch seitdem ist das enorm verkleinerte Land eindeutig deutschsprachig. Dies bedeutete (und bedeutet), dass die Bevölkerungsschichten mit höherer Schul- bzw. mit Hochschulbildung das Hochdeutsche in Wort und Schrift beherrschen, gleichzeitig aber auch den heimischen Dialekt, das moselfränkische «Letzeburgisch» sprechen. Dies ist auch die Mundart einiger weniger Bewohner von Belgisch-Luxemburg westlich der seinerzeit nicht ganz genau gezogenen wallonisch-letzeburgischen Sprachgrenze, und es wird sowohl im nördlichen Teil des Saarlands als auch im Raum um Bitburg gesprochen. Das Verhältnis dieses Dialekts zur deutschen Hochsprache ist mit dem in der Deutsch-Schweiz zwischen dem «Schriftdeutschen» und den verschiedenen Varianten des «Schwyzerdütsch» vergleichbar.

Zugleich aber besitzt das Französische seit dem 14. Jahrhundert großes Prestige und ist gleichfalls zur Sprache der oberen Schichten geworden. Diese Entwicklung vollzog sich zunächst im Adel, dessen Mitglieder meistens in Frankreich – hohe Adlige sogar am dortigen Königshof – ihre Erziehung und Ausbildung, etwa für den Kriegsdienst, genossen. Hinzu kam, dass sich unter der Herrschaft der Herzöge von Burgund vor 1477 der doppelte Sprachgebrauch auch in der Verwaltung und im Gerichtswesen einbürgerte. Dies hatte zunehmend Auswirkungen auf das gebildete Bürgertum, aus dem die meisten Juristen und Verwaltungsbeamten kamen und das sich – ähnlich wie im Elsass zwischen 1648 und 1871 – sowohl zur französischen als auch zur deutschen Kultur zählte. Zweisprachigkeit wurde daher in den oberen sowie mit der Zeit auch in den mittleren Schichten des Landes als etwas Selbstverständliches angesehen.

Die politische Zugehörigkeit zu Frankreich zwischen 1794 und 1814 verstärkte diese Einstellung. Man sah daher nach 1830 lange Zeit in einem Anschluss an Belgien, das damals noch fast ausschließlich zur französischen Kultur tendierte, keinerlei Probleme. Einen

Anschluss an Frankreich hätte man auch 1867 kaum abgelehnt, sondern – nicht zuletzt aus ökonomischen Gründen – wahrscheinlich mit überwältigender Mehrheit befürwortet. Noch 1919, als auch darüber abgestimmt wurde, mit welchem Nachbarland man eine Zollvereinigung eingehen solle, votierte eine eindeutige Mehrheit von 73 Prozent für Frankreich. In Paris entschied man sich jedoch dafür, Belgien – den Bundesgenossen im gerade gewonnenen Krieg – nicht zu brüskieren, und verzichtete auf die Zollunion.

Was also in Belgien angesichts des sich immer mehr zuspitzenden Antagonismus zwischen Flamen und Wallonen nicht gelang, vollzog sich in Luxemburg – nachdem das Großherzogtum auf sein deutschsprachiges Gebiet reduziert worden war – in durchaus harmonischer Weise. Dies war auch deswegen der Fall, weil man sich nach wie vor kulturell als Brückenland zwischen Frankreich und Deutschland betrachtete, auch wenn das im Hinblick auf den großen Nachbarn im Osten wegen der Besetzung in beiden Weltkriegen recht schwer fiel. Eine Besonderheit der Mehrsprachigkeit Luxemburgs ist aber, dass dieses Land sich inzwischen nicht mehr nur als zwei-, sondern als dreisprachig versteht.

Denn das Letzeburgische – obwohl Dialekt – stieg im Laufe des 20. Jahrhunderts zur dritten Landessprache auf. Ähnlich wie im Elsass und in der Deutsch-Schweiz förderte auch in Luxemburg der von der Außenpolitik des Kaiserreichs, besonders aber der durch das nationalsozialistische Deutschland geförderte «Kultur-Chauvinismus» die Hinwendung zum Gebrauch des heimischen Dialekts. Das Letzeburgische (mit seiner inzwischen normierten Rechtschreibung) wird in Luxemburg inzwischen neben dem Deutschen und dem Französischen als weitere Landessprache anerkannt und besitzt selbst nahezu den Rang einer «Hochsprache», ohne dass der Gebrauch des Hochdeutschen deswegen aufgegeben worden ist. Vor allem während der deutschen Besatzungszeit im Zweiten Weltkrieg flüchtete man sich angesichts der rigiden Eindeutschungsbestrebungen der Nationalsozialisten in den Dialekt. Hierüber wird im

Kapitel 9 noch mehr zu sagen sein. Im Zusammenhang mit der Verfassungsentwicklung ist es bemerkenswert, dass das Letzeburgische, das als Umgangssprache von mehr als 60 Prozent der Bevölkerung benutzt wird, vor Gericht und im Parlament zugelassen ist und es auch einen Text der Verfassung in dieser Sprache gibt.

Die offizielle Rechts- und Gesetzessprache ist allerdings das Französische. Zwar gibt es Übersetzungen der entsprechenden Texte ins Deutsche und Letzeburgische, die ebenfalls offizielle Geltung beanspruchen, doch ist im Zweifelsfall stets vom französischen Wortlaut auszugehen. Ebenso erfolgen zwar in der Abgeordnetenkammer die Reden, Anfragen und Anträge in allen drei Sprachen, doch werden sie für das offizielle Protokoll sofort ins Französische übersetzt. Dessen Stellung im Rechtswesen und bei der Formulierung von Gesetzen hängt vor allem mit der Einführung des französischen «Bürgerlichen Gesetzbuchs» *(Code civil)* sowie weiterer Rechtskodifizierungen während der Zeit der Revolution und Napoleons in Frankreich zusammen. Der *Code Civil* (bei seiner Einführung *Code Napoléon* genannt) diente ja auch in Belgien und den Niederlanden als Grundlage für die Zivilrechtskodifikation und besaß selbst im linksrheinischen Deutschland bis zur Einführung des Bürgerlichen Gesetzbuchs (BGB) im Jahre 1900 offizielle Gültigkeit.

Der Konsens über den Sprachgebrauch, der von keiner – wie immer gearteten – nationalistisch orientierten politischen Richtung in Frage gestellt wird, ist einer der Grundpfeiler für die politische Stabilität Luxemburgs. Er beruht – anders als in Belgien – darauf, dass die sprachliche Gleichberechtigung nicht nur auf dem Papier steht und geradezu Verfassungsrang besitzt, sondern dass sie im Prinzip immer schon praktiziert worden ist. Vor allem aber hat der Sprachkonsens dazu geführt, dass es in Luxemburg keine Parteienzersplitterung gegeben hat, wie dies beim westlichen Nachbarn infolge des Sprachenstreits der Fall ist.

5

DIE BELGISCHEN PARTEIEN

Eine der Folgen des belgischen Dilemmas, also des Sprachenstreits und der sich daraus ergebenden komplizierten Verfassungsverhältnisse, ist die Zersplitterung des Parteiensystems. Sie erschwert zunehmend die Bildung stabiler Regierungen, ja macht sie nahezu unmöglich. Dabei ist das Parteiengefüge in Belgien ursprünglich recht übersichtlich gewesen.

Die beiden großen, lange Zeit landesübergreifenden politischen Lager des 19. Jahrhunderts waren zuerst die Katholische Partei und die Liberalen, zu denen sich später die 1885 gegründete Belgische Arbeiterpartei gesellte. Katholiken und Liberale waren anfänglich eher weltanschauliche Lager als regelrechte Parteien im modernen Sinne. Als solche formierten sich die Liberalen im Jahre 1846, die Katholiken erst 1884. Beide Lager hatten ihre Wurzeln in der Brabantischen Revolution von 1789/90, die unter anderem deswegen gescheitert war, weil sie sich damals völlig zerstritten hatten. Zwischen 1815 und 1830, während der anderthalb Jahrzehnte der Vereinigung Belgiens mit den Niederlanden, hielten sie allerdings gegen die politische Bevormundung des autoritär regierenden niederländischen Königs zusammen (und wurden von ihren am Gesamtkönigreich hängenden Gegnern als *monsterverbond* bezeichnet). Sie trugen die Revolution von 1830 mit, sie zogen in den ersten Jahrzehnten des neuen Königreichs Belgien an einem Strang und regierten gemeinsam. Die Zeit dieses «Unionismus» währte bis 1847. Seitdem wechselten sich beide Lager bei der Regierungsbildung ab.

Die Katholische Partei verfügte vor allem im Norden über großen Rückhalt, und hier besonders bei der flämischen Landbevölkerung. Deshalb setzte sie sich auch konsequent für die Lockerung des 1831 eingeführten Zensuswahlrechts ein, das 1893 in der Tat beträchtlich erweitert wurde. Seitdem waren sämtliche Männer vom 25. Lebensjahr ab wahlberechtigt, lediglich den Wohlhabenderen und den Universitätsabsolventen wurde damals noch die Möglichkeit eingeräumt, bis zu zwei Wählerstimmen zusätzlich abzugeben. Die Liberalen wurden vor allem im Bürgertum gewählt, und hier hauptsächlich in Brüssel sowie in den industriellen Schwerpunktregionen des Südens. Über diese regionale Verankerung verfügte an sich auch die sozialistische Arbeiterpartei, ihr Wählerreservoir befand sich aber zusätzlich bei den werktätigen Flamen. Sie erstarkte nach dem Ersten Weltkrieg, als das Doppel- bzw. Dreifachstimmrecht für die Privilegierten entfiel und von den Frauen wenigstens die Kriegerwitwen das Wahlrecht erhielten. Dies wirkte sich in erster Linie für die Katholiken negativ aus, die an Gewicht einbüßten und in der Zwischenkriegszeit genötigt waren, Regierungsbündnisse entweder mit der Arbeiterpartei oder mit den Liberalen einzugehen.

Keines der drei Lager blieb von Abspaltungen verschont, sie wurden ihnen jedoch in ihrer Existenz nie gefährlich. Dies galt auch für die bedeutendste Abspaltung von der Arbeiterpartei durch die Kommunisten, die im September 1921 eine eigene Partei gründeten. Sie erlangten in den 1920er-Jahren lediglich um die 2 Prozent und erst im Jahrzehnt vor dem Zweiten Weltkrieg um die 6 Prozent der Wählerstimmen, konnten also das parlamentarisch-demokratische System in Belgien nie gefährden. Die drei großen Parteien leisteten in der ersten Hälfte des vorigen Jahrhunderts einen wesentlichen Beitrag zum Zusammenhalt des Landes – neben der Verfassung, auf deren Boden sie standen, ihren Organen und der Institution des Königtums. Als sie schließlich ebenfalls vom Zersetzungsprozess in Belgien erfasst wurden, entfiel damit auch nach und nach eine wichtige Stütze des früheren belgischen Einheitsstaats.

Die inzwischen kaum noch zu steigernde Fragmentierung der belgischen Parteienlandschaft setzte mit der Verschärfung des Sprachenstreits nach dem Ersten Weltkrieg ein. Mit der Frontpartei oder «Flämischen Front» (*Het Vlaamse Front*), die 1929 6,3 Prozent der Wählerstimmen erlangte, war 1919 eine politische Gruppierung in den Ring der politischen Auseinandersetzungen gestiegen, die ausschließlich für flämische Belange kämpfte. Nachdem sie infolge innerer Streitigkeiten zerfallen war, nahm 1933 der «Flämische Nationale Verband» *(Vlaams Nationaal Verbond)* ihren Platz ein, der bei den Wahlen von 1939 mit 8,3 Prozent der Stimmen seinen größten Erfolg erzielte. Bis zur Mitte der 30er-Jahre und dann wiederum im Zweiten Weltkrieg dachte man hier auch an die Bildung eines «großniederländischen» Staates, also an die Vereinigung des flämischsprachigen Gebiets mit dem nördlichen Nachbarland. Dies war ganz im Sinne der deutschen Nationalsozialisten, die nach dem Krieg einen an der Westgrenze des «Großdeutschen Reiches» gelegenen Staat «germanischer Prägung» schaffen wollten, der dann Teil eines künftigen «Großgermanischen Reiches» hätte werden können.

Die Herausforderung durch eine eigene flämische Partei mit zunehmend rechtsradikalen Tendenzen ließ nicht lange auf eine wallonische Antwort warten. Sie erfolgte zu Beginn der 30er-Jahre durch die Abspaltung radikaler, zunehmend gegen die Kirche eingestellter Kräfte von der Katholischen Partei unter der Bezeichnung *Christus Rex* und nannte sich später schlichtweg «Rex-Partei». Vorbild für ihr Programm waren die *Action Française* in Frankreich und die italienischen Faschisten. Der Führer der «Rexisten», der aus Bouillon nahe der französisch-belgischen Grenze stammende Léon Degrelle (*1906, †1994), errang mit seiner Partei 1936 11,5 Prozent der Wählerstimmen. Im Zweiten Weltkrieg warf er sich ganz in die Arme der Nationalsozialisten, gründete eine Wallonische Legion, die an der Seite der Deutschen in Russland kämpfte, und ging nach dem Krieg ins Exil nach Spanien, wo er – da man ihn 1945 in Belgien in Abwesenheit zum Tode verurteilt hatte – bis zu seinem Lebensende verblieb.

Nach dem Zweiten Weltkrieg formierte sich die Parteienlandschaft zunächst in traditioneller Weise neu. Allerdings nahmen die Parteien zum Teil andere Namen an.

Die Flämischen Nationalisten fanden sich 1954 in der «Volksunion» *(Volksunie)* zusammen, nachdem man den Makel der Kollaboration im Zweiten Weltkrieg halbwegs abgestreift hatte. Da sich hier die Gemäßigten und die Radikaleren bald immer mehr zerstritten, gründeten letztere 1977 eine «Flämische Volkspartei» *(Vlaamse Volkspartij)*, aus der zwei Jahre später gemeinsam mit einigen Splittergruppen der «Flämische Block» *(Vlaams Blok)* hervorging. Seine Devise war: «Das eigene Volk zuerst!» *(Eigen volk eerst!)*. 2004 wurde er wegen rechtsradikaler Hetze, die sich vor allem gegen Immigranten aus Afrika richtete, vom belgischen Verfassungsgericht verboten und formierte sich kurz darauf neu in der Partei für «flämische Interessen», *Vlaams Belang*. Die Gemäßigteren in der «Volksunion» hatten sich bereits 2001 in der «Neuen Flämischen Allianz» *(Nieuw-Vlaamse Alliantie)* zusammengefunden, die eine Zusammenarbeit mit den Christlich-Sozialen anstrebte. Hauptprogrammpunkt aller dieser Gruppen war die Auflösung Belgiens und die Errichtung eines eigenen flämischen Staatswesens. «Großniederländische» Ideen traten dabei immer mehr in den Hintergrund, da man in den Niederlanden deutliches Desinteresse an einer Vereinigung mit dem nördlichen Belgien zeigte.

Der immer heftiger eskalierende Sprachenstreit führte 1968 zur Gründung der «Wallonischen Sammlungspartei» *(Rassemblement Wallon)*. Zu ihr vereinigten sich die seit drei Jahren bestehenden politischen Gruppen der «Wallonischen Front für die Einheit und Freiheit Walloniens» *(Front Wallon pour l'Unité et la Liberté de la Wallonie)* und die «Wallonische Arbeiterpartei» *(Parti Wallon des Travailleurs)*. Ziel der neuen Partei war die Autonomie Walloniens innerhalb eines belgischen Bundesstaats, nicht aber die Auflösung Belgiens an sich. Daneben gab es jedoch seit 1999 eine kleine Gruppe, die «Wallonische Bewegung zur Rückkehr nach Frankreich» *(Mouvement Wallon pour le Retour à la France)*, die für den Anschluss Süd-Belgiens an Frankreich eintrat. Neben der Wallonischen Sammlungspartei bestand seit 1964 noch die «Demokratische Front der Brüsseler Frankophonen» *(Front Démocratique des Francophones Bruxellois)*, welche die Anliegen der französischsprachigen Bevölkerung in der Agglomeration um die Hauptstadt vertrat und sich für die Schaffung eines autonomen Gebiets von Brüssel im Rahmen einer künftigen belgischen Föderation einsetzte.

An sich wäre diese geradezu ermüdende Aufzählung der am rechten Rand der belgischen Gesellschaft – im niederländisch- wie im französischsprachigen Gebiet – entstandenen und oft bald wieder von der Bildfläche verschwundenen Parteien müßig: die etablierten Parteien des christlich-sozialen, sozialistischen und liberalen Lagers hätten sie kaum gefährden können, wenn diese sich untereinander über die Neugestaltung des belgischen Staatswesens einig gewesen wären. Die flämische Volksunion errang zwar 1965 6,4 Prozent, 1968 9,8 Prozent und 1971 sogar 11,1 Prozent der Wählerstimmen, sank dann aber langsam auf rund 5 Prozent ab. Der Flämische Block dümpelte bis 1987 bei etwa 1 Prozent, nahm dann allerdings bis 1999 auf 9,8 Prozent zu, doch der *Vlaams Belang* kam 2003 immerhin auf 11,7 und 2007 auf 12 Prozent. Was die wallonische Rechte betrifft, so erreichte sie gemeinsam mit den Brüsseler Frankophonen 1968 4,9 Prozent, allerdings 1971 und 1974 nahezu 11 Prozent. Die Brüsseler Partei arbeitet inzwischen eng mit den Liberalen zusammen, während der *Front National* in den Wahlen der letzten Jahre nur Ergebnisse um die 2 Prozent erzielen konnte. Immerhin bringen es die beiden dem Rechtsradikalismus zuzurechnenden Parteien Belgiens zusammen auf rund 14 Prozent der Wählerstimmen.

Die Antwort der «klassischen» Parteien auf die seit der Mitte der 60er-Jahre bestehende Sogwirkung der Rechtsparteien auf die Wähler sowohl in Flandern wie auch in Wallonien bestand darin, dass sie sich selbst in jeweils flämische und wallonische Parteigruppen aufspalteten. Nur so schien es möglich, in beiden Landesteilen dem

Abdriften von Teilen der Wählerschaft hin zu den rechtsgerichteten Radikalen Einhalt zu gebieten.

Die Katholische Partei hatte sich im August 1945 in «Christliche Volkspartei» (ndl.: *Christelijke Volkspartij*, frz.: *Parti Social Chrétien*, gemeinsame Abkürzung *CVP/PSC*) umbenannt. Ihr Präsidium bestand aus je zehn flämischen und wallonischen Mitgliedern. Beide Teile dieser die meisten Regierungen im Belgien der Nachkriegszeit tragenden Partei hielten bis 1968 zusammen, zerstritten sich dann aber wegen der Niederlandisierung der Universität Löwen. Die Partei spaltete sich daher 1972 in einen flämischen und einen wallonischen Teil auf, der jeweils stärker die Interessen der beiden Landesteile verfocht. 2001 benannten sich die flämischen Christsozialen um in «Christ-Demokratisch und Flämisch» *(Christen Democratisch en Vlaams)* sowie «Demokratisch-Humanistisches Zentrum» *(Centre Démocratique Humaniste)*. Ähnlich verfuhren die Liberalen. Aus der *Grand Old Party* des 19. und weiter Teile des 20. Jahrhunderts, die sich 1961 in Partei für «Freiheit und Fortschritt» (ndl.: *Partij voor Vrijheid en Voruitgang*, frz.: *Parti de la Liberté et du Progrès*) umbenannt hatte, wurden 1972 getrennte Parteien. Die flämische Partei suchte in ihrem neuen Programm von 1992 mehr Bürgernähe und nannte sich jetzt «Flämische Liberale und Demokraten» *(Vlaamse Liberale en Democraten)*, die wallonische verwandelte sich 2002 unter Hinzuziehung kleinerer Gruppen – unter anderem der «Partei für Freiheit und Fortschritt» im deutschsprachigen Grenzgebiet – in die «Reformbewegung» *(Mouvement Réformateur)*. Die alte Belgische Arbeiterpartei, die bei ihrer Neugründung 1945 die Bezeichnung «Belgische Sozialistische Partei» (ndl.: *Belgische Socialistische Partij*, frz.: *Parti Socialiste Belge*) angenommen hatte, spaltete sich erst 1978, die beiden Nachfolgeparteien behielten aber jeweils ihren flämischen und ihren wallonischen Namen bei. In der deutschsprachigen Gemeinschaft gibt es eine eigene Sozialistische Partei ebenso wie eine liberale «Partei für Freiheit und Fortschritt». Beide spielen allerdings angesichts des geringen Bevölkerungsanteils der Deutschsprachigen auf nationaler Ebene keine Rolle.

Das Groteske an dieser Entwicklung der Parteienlandschaft ist nun, dass sogar die seit den späten 70er-Jahren neu entstandenen Parteien der «grünen» Bewegung nicht dazu imstande waren, sich eine über die Sprachgrenzen hinweg funktionierende gemeinsame Organisation zu geben. So entstanden 1980/82 fast gleichzeitig in Flandern die Partei *Agalev* (Abkürzung von: *Anders Gaan Leven* = Ein anderes Leben führen), die sich 1985 in *Groen!* (Grün!) umbenannte, und in Wallonien *Ecolo* (von: *Écologistes confédérés pour l'organisation de luttes originales*). Beide Parteien erreichten zusammen bei den Wahlen seit 1981 zwischen 5 Prozent und 14 Prozent der Stimmen, wobei *Ecolo* etwas erfolgreicher war. 1999 wurde das beste Ergebnis erreicht, 2007 waren es nur noch 9 Prozent.

Auch vor der – inzwischen längst in Bedeutungslosigkeit versunkenen – Kommunistischen Partei machte die Entwicklung der belgischen Parteien hin zur Trennung nicht Halt. Allerdings spaltete sie sich erst 1989 in die wallonische *Parti Communiste* und die flämische *Kommunistische Partij*. Diese Doppelung erfolgte mehr aus wahltaktischen als aus ideologischen Gründen, da es inzwischen politisch als inopportun erscheint, in Belgien noch eine regional übergreifende Parteiorganisation zu unterhalten.

Das – der Übersichtlichkeit halber hier nicht bis in die letzten Einzelheiten beschriebene – belgische Parteiensystem hat also nicht nur die Spaltung der «klassischen» politischen Lager in Parteien hervorgebracht, die sich zum großen Teil oder sogar überwiegend den jeweiligen Sprachgruppen verpflichtet fühlen, sondern es leidet – als Folge davon – unter gravierenden Zwistigkeiten innerhalb der alten Lager selbst. Hinzu kommt, dass in der belgischen Volksvertretungskammer seit den Wahlen vom Juni 2007 elf Parteien Sitz und Stimme haben (2003 waren es zehn, 1999 und 1995 gleichfalls jeweils elf). Davon gehören jeweils zwei zu den Christlich-Sozialen, den Liberalen, den Sozialisten und den Grünen. Die drei übrigen sind die radikalen Wallonen und Flamen. Zu den letzteren ist die erst seit 2007 bestehende «Liste Dedecker» teilweise mitzurechnen. Ihr

Begründer ist der frühere Senator Jean Marie Dedecker (*1952), ein früher erfolgreicher Judokämpfer, der sich seit 1999 als rechter Flügelmann der flämischen Liberalen einen politischen Namen gemacht und schließlich für seine neue Gruppierung sowohl flämische Nationalisten als auch Rechtsliberale gewonnen hatte. Diese neue Partei gewann im Juni 2007 auf Anhieb 4 Prozent der Stimmen.

Stärkste Partei wurde bei diesen letzten Parlamentswahlen die der flämischen Christsozialen (18,5 Prozent), während sich ihr wallonisches Pendant etwas auf 6,1 Prozent verbesserte. Die zuvor stärkste Fraktion der flämischen Liberalen unter dem Premierminister Verhofstadt fiel auf 11,8 Prozent zurück, ihre wallonische Schwesterpartei *Mouvement Réformateur* stieg auf 12,5 Prozent an. Die an der Regierung ebenso wie die frankophone Bruderpartei beteiligten flämischen Sozialisten sanken auf 10,6 Prozent, die wallonischen auf 10,9 Prozent. Die vier miteinander verbündeten liberalen und sozialistischen Parteien verfügten bis zum Juni 2007 in der Kammer über eine Mehrheit von 97 zu 53 Sitzen. Diese ist nun seit den letzten Wahlen dahin, da durch das Anwachsen der beiden vorher in der Opposition agierenden christlichen Parteien die nach wie vor starke Stellung der flämischen Nationalisten (12 Prozent, mit der Dedecker-Liste 16 Prozent), die 2 Prozent der wallonischen «Nationalen Front» und den Stimmenanteil der beiden grünen Parteien (zusammen 9,1 Prozent) die bisherige Regierungskoalition nur 48,3 Prozent der Wählerstimmen erreicht hat und in der Kammer lediglich noch über die Hälfte der Sitze verfügt.

Bereits die Koalition zwischen den beiden liberalen und den beiden sozialistischen Parteien war nicht einfach, wenn das Regieren auch leichter fiel als zwischen 1999 und 2003, als Premierminister Verhofstadt zusätzlich die Grünen in sein Koalitionskabinett hatte aufnehmen müssen. Jetzt aber wurde es weitaus schwieriger angesichts der Notwendigkeit eines Bündnisses zusätzlich mit den Christdemokraten, also mit einer Koalition aus sechs annähernd gleich starken Partnern. Denn alle Partner hatten nicht nur unterschiedliche Interessen, sondern sie mussten jeweils auf die flämischen und die wallonischen Nationalisten Rücksicht nehmen.

So war es denn für Verhofstadt sechs Monate hindurch nicht möglich, eine neue Mehrheit in der Kammer zusammenzuschmieden. Der vom König aber mit der Regierungsbildung beauftragte eigentliche Wahlsieger, der Vorsitzende der flämischen Christsozialen Leterme, war dazu zunächst auch nicht imstande. Zwar hatten die beiden christlich-sozialen Parteien gemeinsam mit den beiden liberalen 48,9 Prozent der Stimmen und damit 78 von 150 Sitzen erlangt, doch die Gegensätze zwischen den beiden Lagern erwiesen sich während der Koalitionsverhandlungen als unüberbrückbar. Es gelang Leterme nach den Wahlen im Sommer auch nicht, sämtliche bisherigen Koalitionsparteien zu einer Koalition mit seinem Lager zu bewegen. Ein Bündnis mit den Nationalisten beider Sprachgruppen, geschweige denn ein solches mit den erstarkten Grünen war gleichfalls aussichtslos. Das Resultat war schließlich kurz vor Weihnachten 2007 die Einsetzung der bereits erwähnten Übergangsregierung mit Verhofstadt als Premier und Leterme als Stellvertreter, die von den beiden christlich-sozialen wie den liberalen Parteien sowie von den wallonischen Sozialisten getragen wurde.

Dieses damals nur auf Zeit geschlossene Bündnis sollte zukunftsweisend sein. Allerdings mussten sich die drei großen, traditionellen politischen Lager Belgiens auf Kompromisse einigen, um die Einheit Belgiens zu erhalten. Dies erforderte aber, den Rechtsparteien mehr Widerstand entgegenzusetzen, besonders in Flandern, dessen Regierung nach wie vor von einer Koalition aus Christlich-Sozialen, Flämischen Nationalisten, Liberalen und Sozialisten getragen wird. Der Christdemokrat Leterme als eigentlicher Wahlsieger und ernsthaftester Anwärter auf das Amt des Regierungschefs, das er seit März 2008 auch wahrnahm, stand vor dem Problem, wie er die separatistisch ausgerichtete Politik seiner früheren flämischen Bündnispartner mit dem Bestreben, die belgische Einheit zu erhalten, vereinbaren sollte. Sein Scheitern im Sommer 2008 war damit vorprogrammiert.

6

DIE LUXEMBURGISCHEN PARTEIEN

Da sich der moderne Verfassungsstaat mit parlamentarischer Kontrolle der Exekutive in Luxemburg erst ziemlich spät herausgebildet hat, konnten erst zu Beginn des 20. Jahrhunderts Parteien in der Form entstehen, wie sie sich in Belgien längst vorher entwickelt hatten. Sie entfalteten sich dann aber ziemlich getreu nach dem Vorbild des westlichen Nachbarlandes. Auch in Luxemburg formierten sich als Grundbestandteile des Parteiensystems zunächst ein katholisch-konservatives und ein hauptsächlich vom Bürgertum getragenes liberales Lager. Dazu kam im Zusammenhang mit den Begleiterscheinungen der Industrialisierung das Lager der Sozialisten, von denen sich nach dem Ersten Weltkrieg eine Kommunistische Partei abspaltete.

Erst relativ spät – im Juni 1983 – kam eine «Grüne Partei» hinzu. Sie bindet inzwischen etwas mehr als ein Zehntel der Wähler an sich. Jüngere Parteigründungen sind die «Alternativ Demokratische Reformpartei» (seit 1987) und die «Linke» (seit 1999). Die Erstere ist rechtskonservativ ausgerichtet und konnte mit der Forderung nach Gleichberechtigung bei den Altersbezügen zwar rund ein Zehntel der Wähler, aber dennoch kein allzu großes politisches Gewicht gewinnen. Die Zweite ist eine als «links» einzustufende Splitterpartei, die bei den letzten Wahlen gerade einmal 1,9 Prozent der Stimmen errang. Sie betrachtet sich als Alternative zu den Kommunisten, die infolge ihrer früher einseitig auf die sowjetische KP eingeschworenen Linie seit den 70er-Jahren zunehmend Anhänger verloren haben und im Parlament längst nicht mehr vertreten sind.

Das katholisch-konservative Lager formierte sich erst im Januar 1914 zu einer Art politischer Partei, die vorerst noch relativ locker organisiert war. Sie bezeichnete sich anfänglich als «Partei der Rechten». Ihrem Programm nach kämpfte sie einerseits für die Autonomie der Kirche, erhob aber – im Verein mit dem 1921 gegründeten «Luxemburger Christlichen Gewerkschaftsbund» *(Letzeburger Chreschtleche Gewerkschaftsbond)* – auch Forderungen nach sozialer Gerechtigkeit, ohne dabei jedoch die Privatinitiative oder gar das Privateigentum in Frage zu stellen. Außerdem setzte sie sich konsequent für das Frauenstimmrecht ein. Sie wurde so in dem durchweg katholischen Land alsbald zu einer echten Volkspartei, die stets gute bis sehr gute Wahlergebnisse erzielte und seit 1919 fast immer (ausgenommen 1925/26 sowie zwischen 1974 und 1979) den Regierungschef stellte. Im Dezember 1944, nach der Befreiung Luxemburgs von der deutschen Besatzung, wurde sie als «Christlich Soziale Volkspartei» *(Chreschtlech Sozial Vollekspartei*, frz.: *Parti Chrétien Sozial)* neu begründet und erhielt nun auch eine echte Parteiorganisation. Da sie nach wie vor für soziale Belange eintrat, fiel es ihr leicht, abwechselnd Koalitionen sowohl mit den Liberalen als auch mit den Sozialisten zu bilden. Das Regierungsbündnis mit den Letzteren besteht seit Ende der 1980er-Jahre.

Die erste förmliche Gründung einer politischen Partei im Großherzogtum hatte bereits im Jahre 1902 die politische Linke vollzogen. In der «Sozial-Demokratischen Partei» – 1924 umbenannt in «Arbeiterpartei Luxemburgs», 1944 in «Luxemburger Sozialistische Arbeiterpartei» (*Letzebuerger Sozialistesch Arbechter Partei*/abgekürzt: *LSAP*, frz.: *Parti Ouvrier Sozialiste Luxembourgeois/POSL*) – fanden sich zunächst einerseits marxistisch orientierte Intellektuelle, andererseits Vertreter der werktätigen Bevölkerung zusammen. Letztere kamen anfänglich mehr aus dem Handwerk als aus der Arbeiterschaft, die aber vor allem nach dem Ersten Weltkrieg zunehmend mehr und schließlich die meisten Mitglieder stellte. Neben einer Verfassungsrevision – zeitweise trat man für die Einführung der Republik ein –

mit der Hauptforderung nach allgemeinem Wahlrecht für alle Bürger ab dem 21. Lebensjahr ging es zunächst um damals typisch sozialistische Ziele, die sich stark an denen der deutschen Sozialdemokratie orientierten: Steuerreform (vor allem Einführung der Steuerprogression), Sozialgesetzgebung, Verstaatlichung des Eisenbahnwesens. Der Parteikongress von 1904 forderte kurz und bündig «die Umwandlung der kapitalistischen Produktionsweise in eine sozialistische». Wegen des bis 1919 fortbestehenden Zensuswahlrechts erreichte die Partei vor dem Ersten Weltkrieg nur zwischen 9 und 13 Prozent der Wählerstimmen. Nach dem Krieg lag sie bei 17 bis 19 Prozent. Ein Grund für diese relative Schwäche lag in der Gründung der Kommunistischen Partei, die sich 1921 abspaltete und zeitweilig bis zu 11 Prozent der Wählerstimmen auf sich vereinigen konnte. Im März 1971 kam es zur zeitweiligen Abspaltung des gemäßigten Flügels, der als «Sozialdemokratische Partei» der LSAP bis kurz vor den Wahlen von 1984 Konkurrenz machte.

Die luxemburgischen Liberalen vereinigten sich 1904 zur «Liberalen Liga», einem Zusammenschluss bürgerlicher Kräfte mit antiklerikaler Ausrichtung, die sich gegen die Bevormundung der Gesellschaft durch die Kirche wandten. Dies führte vor dem Ersten Weltkrieg zur zeitweiligen Annäherung an die Sozialdemokraten. Die Partei profitierte anfänglich vom Zensuswahlsystem und verlor nach der Einführung des allgemeinen Stimmrechts im Jahre 1919 erheblich an politischem Gewicht. Dies war auch darauf zurückzuführen, dass man nach dem Ersten Weltkrieg, ganz im Interesse der stark vom großbürgerlichen Unternehmertum geprägten Anhängerschaft, für eine Vereinigung Luxemburgs mit Belgien eingetreten war. Zeitweilig hatten die Liberalen sich auch mit einer neuen «linksliberalen» Gruppierung auseinanderzusetzen, die sich nach französischem Vorbild als «radikalsozialistisch» bezeichnete (wobei «radikal» auf die antikirchliche Stoßrichtung zielte). Beide Richtungen verschmolzen 1934 zur neuen «Radikal-Liberalen Partei». Nach dem Zweiten Weltkrieg gelang es, die verschiedenen liberalen Gruppen zu einer neuen «Liberalen Partei» zusammenzufassen. Sie bezeichnete sich seit 1955 als «Demokratische Partei» *(Demokratesch Partei,* frz.: *Parti Démocratique)* und stellte – ausgenommen zwischen 1974 und 1979, als sie unter Gaston Thorn (*1928, †2007) mit den Sozialisten eine Koalition einging – mehrfach gemeinsam mit den «Christlich-Sozialen» die Regierung.

Die Anhänger der Christlich Sozialen Volkspartei sind über das Land ziemlich gleichmäßig verteilt. Bei den Parlamentswahlen im Juni 2004 wurde sie mit 36,1 Prozent stärkste politische Kraft, wobei die Ergebnisse zwischen der wirtschaftlichen Schwerpunktregion um die Hauptstadt (35,6 Prozent) und den mehr ländlich geprägten Gebieten im Norden und Osten (hier 38,6 Prozent) leicht schwankten. Im Gebiet um die Stadt Luxemburg lag dafür die Arbeiterpartei mit 32,3 Prozent fast gleichauf, im Norden hingegen landete sie mit 15,8 Prozent eher abgeschlagen sogar auf dem dritten Platz hinter den liberalen Demokraten (20,2 Prozent). Diese kamen aber im Raum um die Hauptstadt nur auf 5,8 Prozent, während sie im Osten des Landes mit 21,3 Prozent vor der Arbeiterpartei lagen. Die Alternativen Demokraten schnitten im Norden und Osten ebenfalls recht gut ab (14,8 bzw. 12,3 Prozent), die Grünen lagen landesweit zwischen 10,1 und 13,7 Prozent, wobei auch sie im nach wie vor stärker industriell geprägten Landesteil um die Hauptstadt die meisten Stimmen holten.

Obwohl die Christlich-Sozialen die stärkste Partei sind, können sie doch nicht ohne Bündnispartner regieren. Ebenso wenig kann gegen sie ein aktionsfähiges Bündnis geschmiedet werden. Da die drei größeren Parteien aber im Prinzip bereit sind, untereinander Koalitionen einzugehen, haben sich seit dem Zweiten Weltkrieg stets aktionsfähige Regierungsallianzen ergeben. Dies hat zur inneren Stabilität des Großherzogtums erheblich beigetragen.

7

WIRTSCHAFT UND GESELLSCHAFT IN BELGIEN

Die Regionen, die zum heutigen Königreich Belgien gehören, zählen traditionell zu den am dichtesten besiedelten und wohlhabendsten im westlichen Europa. Nicht nur die maritimen Ablagerungen entlang der Nordseeküste sowie die fluviatilen im Bereich der Fluss-Systeme von Schelde und Maas haben in weiten Bereichen für fruchtbare Böden gesorgt. Hinzu kommen recht nährstoffreiche Landflächen, die sich nördlich der Ardennen von der Provinz Westflandern fast bis nach Limburg erstrecken. Hier, im Nordosten des Landes, beginnen allerdings sandige Flächen, die für den Ackerbau weniger geeignet sind. Belgien ist also im Wesentlichen seit jeher ein überaus ertragreiches Agrargebiet. Dies gilt auch für den mittleren Teil des Landes etwa auf der Linie von Lüttich bis Tournai sowie für das Condroz auf dem rechten Maasufer zwischen Lüttich und Dinant. Die für die Landwirtschaft weniger geeigneten Ardennen im Süden sorgten dagegen durch ihren Waldreichtum lange für Holz, das nicht nur als Bau- und Brennmaterial diente, sondern noch bis ins 19. Jahrhundert hinein für die Eisenerzeugung im Raum Lüttich genutzt wurde. Hier fanden sich früher ergiebige Eisenerz- wie auch Kohlevorkommen. Auf dem europäischen Kontinent wurde das mittlere Maasgebiet so zu einem der frühesten Schwerindustrieräume.

In den Jahrhunderten vor der Industrialisierung war das heutige Belgien allerdings – begünstigt durch die beiden großen vom Süden zum Norden hin fließenden Ströme, die das Binnenland mit der See verbanden – lange Zeit die wohl wichtigste Handelsdrehscheibe Westeuropas. Das etwas landeinwärts an einem kurzen Wasserweg gelegene Brügge sowie später – nachdem der Zufluss vom Brügger Hafen zum Meer hin versandet war – Antwerpen an der Scheldemündung kamen zwischen dem 13. und 15. sowie im 15./16. Jahrhundert ihrer Bedeutung nach den heutigen europäischen Welthäfen London, Rotterdam oder Hamburg durchaus gleich. Brügge kontrollierte die Einfuhr von Schafwolle auf dem Kontinent, die im großen Stil zunächst aus England, später auch aus Spanien importiert wurde. Sie wurde in den Städten der Grafschaft Flandern bzw. im Herzogtum Brabant zu Tuchen verarbeitet, die sich zu einem beliebten und überaus ertragreichen Exportartikel entwickelten. Noch heute zeugen die imponierenden Tuchhallen vor allem im Zentrum der größeren flandrischen Städte vom einstigen Wohlstand, der vor allem auf der Herstellung wie auf dem Export von Tuchen jeglicher Qualität beruhte und die betreffenden Zünfte aufblühen ließ.

Zugleich gelangten die auf Wollimporte wie auf den Tuchvertrieb spezialisierten Kaufleute zu gewaltigem Reichtum, der sich durchaus mit dem der damaligen Handelsherren in Genua, Florenz oder Venedig messen konnte. Es war daher kein Wunder, dass sich hier weitere lukrative Gewerbe ansiedelten und vor allem der Geldhandel – etwa durch Wechselgeschäfte – florierte. Unser Wort «Börse» zum Beispiel geht auf die Münzwechsel-Geschäfte auf einem Platz in Brügge zurück, der den Namen einer dort lebenden Kaufmannsfamilie *(van der Beurse)* trug.[9]

Die Zusammenfassung der verschiedenen südniederländischen Territorien unter burgundischer wie anschließend unter habsburgischer Herrschaft trug zur Wirtschaftblüte erheblich bei, zumal man ab 1516 von der Zugehörigkeit zum spanischen Weltreich mit seinem riesigen Kolonialbesitz profitierte. Die Stadt Antwerpen, auf die sich der Außenhandel immer mehr konzentrierte, wurde so neben Lissabon bereits im späten 15. Jahrhundert zum bedeutendsten Hafen im westlichen Europa und blieb es rund hundert Jahre hindurch.

Ihre führende Rolle verlor sie allerdings an das holländische Amsterdam, nachdem sie 1585 von spanischen Truppen erobert und geplündert worden war. Schon vorher waren zahlreiche Kaufleute, die nicht katholisch werden wollten, ins protestantische Holland abgewandert. Antwerpen wurde durch die Flotte der nordniederländischen Republik weitgehend vom Seehandel abgeschnitten und konnte erst im 19. Jahrhundert wieder an seine frühere Rolle anknüpfen.

Bis zu den politischen Veränderungen des ausgehenden 18. Jahrhunderts war Belgien – eingezwängt zwischen den beiden bedeutenden Mächten Frankreich und der nordniederländischen Republik, die stets begehrliche Blicke auf das kleine Land zwischen ihnen warfen – in seiner wirtschaftlichen Entwicklung stark gehemmt. Erst als Teil des napoleonischen Kaiserreichs, dann des Königsreichs der Vereinigten Niederlande blühte es wieder auf. Der erneute Aufschwung jedoch war zum erheblichen Teil auf den Eintritt in das Industriezeitalter zurückzuführen.

Die Industrialisierung ging vor allem vom Gebiet an der mittleren Maas und dem ihres Nebenflusses Sambre aus. Im Lütticher Raum gab es schon länger ein blühendes Gewerbe zur Herstellung von Eisenerzeugnissen, das auf den dortigen Eisenerzvorkommen basierte. Die Gewinne hieraus kamen einst jedoch nicht den burgundischen Herzögen bzw. den habsburgischen Landesherren, sondern den dortigen Bischöfen zugute. Denn diese verfügten entlang der Maas über ein eigenes – verfassungsmäßig mit dem Römisch-Deutschen Reich viel enger als der übrige südniederländische Raum verbundenes – Herrschaftsgebiet, das bis zur Einverleibung «Belgiens» durch Frankreich im Jahre 1794 selbstständig blieb: das Fürstbistum Lüttich. Die Grundlage für diese Eigenständigkeit bildeten die Steuereinnahmen der bischöflichen Landesherren aus den Betrieben, die Eisenwaren und vor allem Waffen jeglicher Art herstellten, welche ihrer Qualität wegen überall begehrt waren. Als das Holz für die Erzverhüttung knapp wurde, verwendete man dazu Steinkohle, die man vereinzelt bereits seit dem 16. Jahrhundert gefördert hatte. Reiche Vorkommen wurden schließlich in einem schmalen, fast ununterbrochenen Streifen erschlossen, der etwa von Maastricht über das Tal der Sambre bis hin zum Gebiet um die nordfranzösische Stadt Lille reichte.

Steinkohle wurde hier seit dem späten 18. Jahrhundert in ständig wachsenden Mengen abgebaut, und sie diente – nachdem entsprechende Verfahren dafür entwickelt worden waren – in erheblichem Ausmaß zur Verhüttung von Eisen und Stahl, später aber auch zur Erzeugung von Gas und Elektrizität. Ein großer Teil der geförderten Kohle ging in den Export, vor allem ins kohlearme Frankreich. Während man gegen Ende des 18. Jahrhunderts lediglich etwa 770 000 Tonnen Kohle gewonnen hatte, stieg die Fördermenge bis 1900 etwa auf 23,5 Millionen Tonnen an. Ihren Höhepunkt erreichte die belgische Kohleproduktion mit rund 30 Millionen Tonnen im Jahre 1953 – dann allerdings inklusive der Förderung im neu erschlossenen Kempengebiet in der Provinz Limburg. Die Stahlerzeugung wurde ebenfalls gewaltig gesteigert, obwohl die Erzvorkommen bereits um die Mitte des 19. Jahrhunderts weitgehend erschöpft waren. Sie beruhte anschließend auf der Einführung von Erz aus dem französischen bzw. aus dem 1871 an Deutschland abgetretenen nordöstlichen Lothringen und aus Luxemburg.

Die «Industrielle Revolution», wie sie zuerst im späten 18. Jahrhundert in England einsetzte, vollzog sich mit all ihren Begleiterscheinungen auf dem europäischen Kontinent zunächst vor allem in Belgien. Von hier gingen entsprechende Anregungen in den benachbarten Gebieten des Rheinlands und Nordfrankreichs aus. Die Schwerpunktregionen der belgischen Industrialisierung lagen anfangs fast ausschließlich im Süden des Landes in der Steinkohleregion auf der Linie Mons-Charleroi-Namur-Lüttich. Hier bildete sich auch das für solche Gebiete typische Industrieunternehmertum heraus, wie es bereits in England bestand und sich dann in weiteren europäischen Regionen mit großen Kohlevorkommen –

in Deutschland etwa an Saar und Ruhr sowie in Oberschlesien – entwickeln sollte.

Zur Schwerindustrie gehörte der Maschinenbau, vor allem für das sich im 19. Jahrhundert stürmisch entwickelnde Massentransportmittel Eisenbahn. Es ist daher kein Wunder, dass Belgien bald mit über das dichteste Eisenbahnnetz in Europa verfügte. Dieses erstreckte sich auch in die noch weitgehend agrarisch genutzten Gebiete im Nordteil des Landes, wo ein großer Teil des Bedarfs an Arbeitskräften rekrutiert wurde und nicht selten täglich den weiten Hin- und Rückweg zu den Zechen und Fabriken des Südens auf sich nahm. Die Gewinne aus den Industriebetrieben wie aus den Kohlegruben ermöglichten ständig neue Investitionen, die der Modernisierung, aber auch allgemein der Hebung des Lebensstandards dienten.

Belgisches Kapital war zudem maßgeblich am frühen Eisenbahnbau im nördlichen Frankreich und im westlichen Deutschland beteiligt. Während der kurzen, rund zwei Jahrzehnte dauernden Zeit des 1860 zunächst zwischen Frankreich und Großbritannien vereinbarten Freihandels erhielt die belgische Wirtschaft besonders starke Impulse. Belgien trat dem britisch-französischen Freihandelsvertrag bereits ein Jahr später bei, die Niederlande kamen 1863 hinzu, der preußisch-deutsche Zollverein (mit Luxemburg) folgte 1865. Das Königreich war damit gewissermaßen zu einer Art Drehscheibe bzw. zum Schwerpunktbereich innerhalb eines ziemlich offenen, Agrar- wie Industrieprodukte umfassenden europäischen Handelssystems geworden. Hinzu kam eine Art lockerer Währungsunion, die aufgrund der «Lateinischen Münzkonvention» ab August 1866 Frankreich, Belgien, die Schweiz und Italien dazu verpflichtete, Münzen mit dem gleichen Edelmetallgehalt zu prägen, die untereinander auch angenommen werden mussten. Dem Vertrag traten später auch Spanien und die meisten südamerikanischen Staaten, ferner auf dem Balkan Bulgarien, Rumänien und Serbien sowie – mit Einschränkungen – Österreich-Ungarn bei.

Auch dieses – bis zum Ersten Weltkrieg bestehende – Währungssystem brachte für den belgischen Export enorme Vorteile. Dies galt vor allem für die Wirtschaftsbeziehungen mit dem weniger stark industrialisierten Frankreich. Die Exporte in dieses Nachbarland waren besonders hoch, wobei nur nebenbei darauf hingewiesen sei, dass belgische Firmen seit der Mitte des 19. Jahrhunderts das Pariser Gasversorgungsnetz verlegten und maßgeblich am Bau der ersten Linien der Untergrundbahn («Métro») in der französischen Hauptstadt beteiligt waren.

Die Bedeutung der – damals in erster Linie von der wallonischen Industrie geprägten – belgischen Wirtschaft zeigt sich auch darin, dass Belgien in den letzten Jahrzehnten vor dem Ersten Weltkrieg am häufigsten das Ausrichterland der Weltausstellungen war, die damals wie kaum andere der Präsentation der eigenen Leistungsfähigkeit dienten. Zwischen 1893 und 1913 gab es insgesamt acht solcher Weltausstellungen. Davon wurden die des Jahres 1897 in Brüssel, die von 1905 in Lüttich, die von 1910 wiederum in Brüssel und die von 1913 in Gent abgehalten. In der Zwischenkriegszeit war Belgien zweimal Ausstatterland: 1935 erneut mit Brüssel und 1939 mit Lüttich. 1958 schließlich gelang es zum vorläufig letzten Mal, eine solche Ausstellung ins Land zu holen: Sie fand aufs Neue in Brüssel statt; eines der Wahrzeichen der belgischen Hauptstadt ist seitdem das berühmte «Atomium», ein Gebäude, das die milliardenfache Vergrößerung eines Eisenkristalls darstellt.

Dass die Bedeutung der belgischen Wirtschaft in Europa nach dem Ersten Weltkrieg zurückging, hing einerseits mit den von den Deutschen angerichteten Kriegsschäden zusammen, zum anderen aber damit, dass die für die Industrie so wichtigen Kohlevorkommen des Südens langsam zur Neige gingen. Der sich abzeichnende Mangel an diesem für die Energieversorgung wie für die Eisen- und Stahlproduktion so wichtigen Brennstoff wurde vorläufig allerdings dadurch aufgewogen, dass – wie bereits erwähnt – die neu erschlossenen Steinkohlelager in den Limburger Kempen die nachlassende

Das Atomium, Wahrzeichen der Brüsseler Weltausstellung von 1958

Förderungsmenge im Süden kompensierten. Um 1930 betrug der Anteil der neuen Gruben an der Kohleförderung bereits rund ein Siebentel, und er stieg ständig an. Im zuvor stärker von der Landwirtschaft bestimmten Norden entstanden nun – abgesehen von den größeren Städten (vor allem der Agglomeration um die Hauptstadt

Brüssel, dem aufstrebenden Seehafen Antwerpen sowie Gent, einem seit dem 19. Jahrhundert bedeutenden Zentrum nun auch der modernen Textilindustrie) – auch an anderen Stellen im verarbeitenden Gewerbe und im Dienstleistungsbereich vermehrt mittlere und kleinere Betriebe, die sich auf konjunkturelle Schwankungen flexibler einzustellen vermochten.

So begann sich das ökonomische Gefälle zwischen Wallonien und Flandern bereits vor dem Zweiten Weltkrieg langsam auszugleichen. Dieser Prozess setzte sich nach 1945 verstärkt fort, als sich die Kohleförderung im Süden immer weniger rentierte und schließlich seit den späten 50er-Jahren ein regelrechtes «Zechensterben» einsetzte. Die Modernisierung der Stammindustrien stockte, die Wirtschaft insgesamt stagnierte zunächst, erholte sich dann aber und erlebte wieder eine Wachstumsphase. Dies geschah vor allem dank der Zunahme moderner Betriebe im Norden sowie im Zusammenhang mit der Schaffung eines gemeinsamen westeuropäischen Marktes nach dem Inkrafttreten der Römischen Verträge Anfang 1958. Belgien bildete nun wiederum – wie es bereits vor 1914 der Fall gewesen war – eine Drehscheibe im westeuropäischen Handelsgeflecht und profitierte davon. Dies kam jetzt indes weniger den veralteten Betrieben der wallonischen Schwerindustrie zugute. Sie litten ebenso wie die Nachbarländer und die hoch industrialisierten Staaten Europas überhaupt an den inzwischen für den Kohlebergbau wie für die Stahlherstellung typischen strukturellen Schwächen sowie an der Billigkonkurrenz durch die überseeischen «Schwellenländer». Der ökonomisch mittlerweile aber besser aufgestellte Norden profitierte aufgrund seiner flexibleren Wirtschaft und seiner zeitgemäßeren Industriezweige von diesem Wandel und zog dem Süden davon.

Während sich in und um die Hauptstadt Brüssel, auch im Zusammenhang mit den dort entstehenden Verwaltungsinstanzen der werdenden Europäischen Gemeinschaft bzw. Union, vorwiegend Dienstleistungsbranchen ansiedelten, waren es in der Region um

Antwerpen vor allem Betriebe der chemischen Industrie (insbesondere der Petrochemie) sowie der Metallverarbeitung, hier in erster Linie der Kraftfahrzeugproduktion. Antwerpen selbst ist mit einem Güterumschlag von 160 Millionen Tonnen mittlerweile (das heißt nach dem Stand von 2005) nach Rotterdam (370 Millionen) und vor Hamburg (126 Millionen) zum zweitgrößten Handelshafen der Europäischen Union aufgerückt. In und um Gent ging zwar die traditionelle Textilindustrie zurück, doch es entstanden dafür unter anderem elektrotechnische und chemische Anlagen, Papierfabriken, ja – in enger Kooperation mit der Garten- und Landwirtschaft im Umland – Betriebe zur Blumen- und Pflanzenzucht. Die Folge war, dass sich spätestens seit den 70er-Jahren des vorigen Jahrhunderts das Gebiet der flämischen Gemeinschaft – zuvor eher eine Art Armenhaus Belgiens – zur führenden Wirtschaftsregion entwickelte, die mittlerweile rund 80 Prozent zum belgischen Außenhandelsvolumen beiträgt.

Die Verteilung der Beschäftigten auf die drei «klassischen» Bereiche der Land- und Forstwirtschaft (Primärsektor), der Industrie (Sekundärsektor) und den öffentlichen Verwaltung wie der «Dienstleistungen» (Tertiärsektor) zeigt beim Vergleich zwischen der Zeit kurz vor dem Ersten Weltkrieg und der Gegenwart die Auswirkungen des ökonomischen Wandels in besonders eindrucksvoller Weise. 1910 lebte in Belgien noch etwa ein Sechstel der Bevölkerung (16 Prozent) von der Landwirtschaft (in Großbritannien waren es nur noch 8 Prozent, in Deutschland hingegen 35 Prozent). Im Bergbau und in der Industrie Belgiens waren damals rund 48 Prozent beschäftigt (Großbritannien 46 Prozent, Deutschland 42 Prozent) und im Tertiärsektor rund 36 Prozent (Großbritannien 46 Prozent, Deutschland 27 Prozent). In diesen Zahlen spiegelte sich der trotz der Industrialisierung, die sich am stärksten auf Wallonien erstreckte, nach wie vor starke Anteil der ländlichen Bevölkerung im flämischen Norden wider. Gegenwärtig sind im Primärsektor jedoch nur noch 2 Prozent der arbeitenden Bevölkerung beschäftigt (Großbritannien 1,4 Prozent,

Deutschland 2,2 Prozent), im Industriebereich 25 Prozent (Großbritannien 22 Prozent, Deutschland 25,8 Prozent) und im Dienstleistungssektor 73 Prozent (Großbritannien 76 Prozent, Deutschland 71,9 Prozent). Diese Veränderungen sind vor allem auf die Verlagerung der Wirtschaftskraft auf Brüssel und den flämischen Landesteil zurückzuführen, der mit der Abwendung vom landwirtschaftlichen Erwerbsleben hin zur Konzentration auf profitable Wirtschaftszweige und zur sog. Dienstleistungsgesellschaft verbunden war.

Dies lässt sich auch an den Eckdaten der Wirtschaftsentwicklung zwischen 1955 und 1976 – dem Zeitraum, in dem sich die Verlagerung des ökonomischen Gewichts in Belgien endgültig vollzog – gut ablesen: Während die Wertschöpfung im Bergbau in diesem Zeitraum um 65 Prozent zurückging, was vor allem die inzwischen rückständigen wallonischen Kohleregionen betraf, stieg er im Bereich der Nahrungsmittelerzeugung um 105 Prozent, im Textil- und Bekleidungsgewerbe um 75 Prozent, bei der Erzeugung von Metallwaren (unter anderem von Autos und Haushaltsgeräten) um 259 Prozent und in der Chemieindustrie sogar um 310 Prozent an. 1973 betrug der Anteil des Bergbaus am Bruttosozialprodukt nur noch 3,6 Prozent und der der Eisen- und Stahlherstellung lediglich 7,9 Prozent, während die Chemieindustrie auf 10,3 Prozent, die Nahrungsmittelindustrie auf 14,6 Prozent und die metallverarbeitende Industrie auf 29,9 Prozent kamen.

Die mit dem ökonomischen Strukturwandel innerhalb Belgiens verbundene Gewichtsverlagerung vom wallonischen in den flämischen Landesteil (sowie in die Region Brüssel) erklärt auch, warum sich der Gegensatz zwischen Flamen und Wallonen zunehmend verschärfte. Früher fast Entwicklungsland, ist der Norden inzwischen zum wirtschaftlichen Motor Belgiens avanciert, was das Selbstbewusstsein der Flamen enorm gesteigert hat. Mittlerweile erfolgen rund 70 Prozent der Investitionen innerhalb der flämischen Gemeinschaft. Sie betreffen in hohem Maße auch das Baugewerbe, das vom Bedarf nach neuen Betriebsanlagen profitiert. Die Region um Antwerpen hat das klassische Industrierevier zwischen Lüttich und Mons entlang von Sambre und Maas als eigentliche Boomregion des Landes weit hinter sich gelassen. In den früheren Industriegebieten besteht eine wesentlich höhere Arbeitslosigkeit, was einen stärkeren Finanztransfer von Flandern nach Wallonien zur Folge hat. Dies ist letztlich der Grund, warum die Wallonen vorwiegend an der Einheit Belgiens festhalten, die Flamen sie jedoch am liebsten aufkündigen würden.

Daher rühren die Probleme, welche die heutige belgische Gesellschaft bewegen. An sich handelt es sich um eine moderne, von Wachstumsindustrien und Dienstleistungen geprägte Gesellschaft innerhalb eines sog. Wohlfahrtsstaats, der ein Mindestmaß an sozialer Sicherheit im Falle von Arbeitslosigkeit, wirtschaftlicher Not und Krankheit sowie im Alter bietet. Dennoch war die Gesellschaft hier lange in verschiedene «Lager» gespalten. Bei der Betrachtung der damit verbundenen Probleme ist auf einen Begriff einzugehen, der uns in Deutschland fremd ist, aber auch in der niederländischen Gesellschaft eine wesentliche, wenn nicht gar wichtigere Rolle spielt als in Belgien, nämlich die sog. Versäulung. Das Wort kommt aus den Niederländischen *(verzuiling)* und bezeichnet die Fragmentierung der Gesellschaft in weltanschauliche Lager. Sie zeigt sich sowohl im politischen Leben in der Ausrichtung der Parteien, als auch im sozioökonomischen Bereich bei den Gewerkschaften, im Bildungswesen bei den Trägern von Schulen und Hochschulen sowie in der Medienlandschaft, das heißt in den Presseorganen, beim Rundfunk und beim Fernsehen.

Die «Säulen» in Belgien waren ursprünglich die drei klassischen politischen Lager mit ihren unterschiedlichen Ausrichtungen und Zielen, und sie spiegelten anfänglich die Gegensätze zwischen Katholiken und Liberalen, später die dieser beiden mit den Sozialisten wider. Während die stärkste Basis der Katholiken die Dörfer und die kleineren Städte Flanderns bildeten, bestand die der Liberalen aus der Hauptstadt Brüssel und aus den wohlhabenderen Schichten in den vom mittleren und Großbürgertum geprägten Städten des flämischen Nordens wie des wallonischen Südens, wohingegen die Sozialisten am festesten im Arbeitermilieu der alten wallonischen Industriereviere verankert waren. Diese Basis hat sich für alle drei im Prinzip nicht verändert, obwohl sich die alten Gegensätze weitgehend abgeschliffen haben. Daher wird inzwischen auch im Hinblick auf die alten Lager von einer «Entsäulung» gesprochen. Aktuelle Umfragen zeigen, dass die Identifikation der aktiven Kirchgänger mit den Christlich-Sozialen, die lange für die Wahlergebnisse in Flandern maßgebend waren, ebenso im Sinken begriffen ist wie die der gegenüber dem kirchlichen Leben Gleichgültigen mit den vorwiegend bei den Wallonen überdurchschnittlich erfolgreichen Sozialisten.

Im 19. Jahrhundert zog der Streit zwischen der Katholischen und der Liberalen Partei die Aufteilung des Schul- und Hochschulwesens nach sich. Es gab (und es gibt bis heute) eine «Katholische Universität» in Löwen und eine von liberalen Bürgern gegründete «Freie Universität» in Brüssel, die sich jedoch beide inzwischen in eine flämische und eine französische Hochschule aufgeteilt haben. Neben die kirchlichen Bildungseinrichtungen traten aber auch staatliche, was man bis heute im Schulwesen beobachten kann.

Die Versäulung hat den Vorteil, dass man sich von dem Lager, dem man angehört, gestützt und abgesichert fühlen kann. Besteht über ein demokratisches Gemeinwesen Konsens und werden die Gegensätze zwischen den verschiedenen «Säulen» darin einigermaßen überbrückt, kann dies zu weltanschaulicher und politischer Toleranz und damit zu stärkerer innerer Stabilität führen. Die Versäulung hat aber u. U. den Nachteil, dass das Lagerdenken die in einer demokratisch verfassten Gesellschaft notwendige Bereitschaft zur Duldung anderweitiger Grundsätze und Meinungen überwölbt oder gar unterdrückt. Leider zeigt der Sprachenstreit innerhalb Belgiens eine solche Tendenz, da er von den jeweils rechten Kreisen in Flandern und Wallonien entsprechend genutzt wird, auch wenn die gemäßigten Kräfte beider Landesteile sich dafür weniger instrumentalisieren lassen.

So ist es nicht zu übersehen, dass inzwischen zwei neue «Säulen» bestehen, nämlich eine flämische und eine wallonische. Die Identifikation mit dem belgischen Staatswesen ist im flämischen Norden geringer als im wallonischen Süden (wo man dafür den Begriff *Belgitude* geprägt hat). Nach einer Umfrage aus dem Jahr 1999 fühlen sich in beiden Landesteilen knapp über 40 Prozent der Bevölkerung gleichermaßen als Belgier wie als Flamen (42,2 Prozent) bzw. wie als Wallonen (41,8 Prozent). Das Bewusstsein, mehr Belgier zu sein, ist aber in Wallonien mit 22 Prozent wesentlich ausgeprägter als in Flandern (13,3 Prozent), und ausschließlich als Belgier fühlen sich im Norden nur 15,1 Prozent, im Süden aber 22,5 Prozent. Dementsprechend befürworten 46,7 Prozent der wallonischen Bevölkerung, jedoch nur 14,5 Prozent der Flamen die Rückkehr zum früheren belgischen Einheitsstaat. Für einen föderalen Staat treten zwar in beiden Landesteilen mehr als 40 Prozent ein. Wenn es jedoch um mehr Kompetenzen für die Gemeinschaften geht, dann wünschen sich dies fast doppelt so viele Flamen (28,1 Prozent) wie Wallonen (14,6 Prozent). Separatistisch eingestellt, das heißt letztlich für eine Verselbstständigung Flanderns wie Walloniens, sind im Norden allerdings nur 12 Prozent, im Süden sogar lediglich 5,5 Prozent. Dieses diffuse Bild spiegelt die allgemein vorhandene Unsicherheit darüber wider, wie es mit dem belgischen Staatswesen künftig weiter-gehen soll.

Stärker bewegt gegenwärtig die Öffentlichkeit in Belgien die Frage der Integration der Ausländer in die Gesellschaft. Rund 10 Prozent der Bevölkerung, knapp eine Million Menschen, haben einen ausländischen Pass, davon sind allerdings rund vier Fünftel Staatsbürger von Ländern der Europäischen Union. Von den Übrigen stammen rund 150 000 entweder aus dem Maghreb, vorwiegend aus Marokko, und aus der Türkei. Bei ihnen gibt es ähnliche Integrationsprobleme wie in Deutschland. Maghrebiner und Türken leben und arbeiten vor allem in den boomenden Wirtschaftszentren, das heißt in und um Brüssel und Antwerpen, nicht wenige aber auch im Süden in und um Lüttich wie Charleroi. Rund 40 Prozent der wallonischen wie der flämischen Bevölkerung fühlen sich durch die Anwesenheit dieser Ausländer in ihrer Identität bedroht. Starke Feindseligkeit ziehen auch diejenigen Ausländer auf sich, die – nachdem sie fünf Jahre hindurch in Belgien legal gewohnt haben – das kommunale Wahlrecht ausüben dürfen. Gegen diese Regelung sind in Flandern mehr als 60 Prozent, in Brüssel und Wallonien aber nur 45 Prozent. Tiefere Sondierungen bei den Umfragen zeigen, dass die Flamen sich in ihrer «Eigenart» stärker durch Ausländer bedroht fühlen als die Wallonen. Diese wiederum befürchten viel stärker, dass die sozialen Einrichtungen und Zuwendungen zu sehr von Ausländern zum Schaden der Einheimischen genutzt werden könnten. Die im Norden viel stärker ausgeprägte Fremdenfeindlichkeit, die sich nicht erst jüngst in spektakulären Übergriffen auf einzelne Personen, sondern auch schon seit Längerem in den Wahlerfolgen der Rechtsradikalen zeigt, hat also andere Wurzeln als die auf den wirtschaftlichen Rückgang und die stärkere Arbeitslosigkeit zurückzuführenden Vorbehalte im Süden.

Insgesamt gesehen ist die belgische Gesellschaft hinsichtlich ihrer Bindungen, Ängste und Erwartungen sehr differenziert, allerdings sind diese mit den Stimmungen in den Nachbarländern durchaus vergleichbar – mit Ausnahme von Luxemburg, wie das nächste Kapitel zeigen wird. Die regionale Identität ist im Norden zwar stärker ausgeprägt und die Fremdenfeindlichkeit ist dort deutlicher spürbar, dafür ist im Süden jedoch die Furcht vor einem weiteren ökonomischen und sozialen Abstieg viel manifester. Belgien bietet also in etwas verzerrter Form das Bild einer modernen Wohlstandsgesellschaft, die zwar – wenn auch in regional unterschiedlicher Weise – die jüngsten Umstrukturierungen sowie die Veränderungen infolge der Globalisierung einigermaßen verkraftet hat, aber dennoch von den Ängsten, die mit dem Wandel in den letzten fünfzig Jahren zusammenhängen, heftig umgetrieben wird.

Die historisch bedingten regionalen Unterschiede, die im Sprachenstreit gipfelten, haben allerdings die Gegensätze im Land, denen man besser gemeinsam begegnet wäre, erheblich verschärft. So ergibt sich für den Fortbestand Belgiens dadurch eine weitere Gefahr, dass sich die Gesellschaft des Landes nicht nur immer weniger als soziale Solidargemeinschaft betrachtet, sondern dass sie in zwei Hälften auseinanderzufallen droht, weil die eine der anderen ihren Wohlstand nicht gönnt bzw. umgekehrt den eigenen nicht mit der anderen teilen möchte.

8

WIRTSCHAFT UND GESELLSCHAFT IN LUXEMBURG

Luxemburg ist von der Natur viel weniger begünstigt als Belgien. Der Nordteil des Großherzogtums, der «Ösling» bis hin zum Moselnebenfluss Sauer, ist ein von tal-ähnlichen Einschnitten durchzogenes, dicht bewaldetes Hochplateau, das den Übergang zwischen den Ardennen und der Eifel bildet. Die hier verbreiteten sauren, nährstoffarmen Böden bieten seit jeher wenig Gelegenheit für einen lukrativen Landbau. Fruchtbarer sind die Böden im Süden, dem «Gutland» bis hin zu den Weinbergen entlang der Mosel, die gemeinsam mit der Sauer und ihrem Nebenfluss Our die Grenze zu Deutschland bildet. Der nördliche Teil Luxemburgs war daher schon immer sehr dünn bevölkert. Obwohl er rund ein Drittel der Fläche des Großherzogtums umfasst, lebt hier gerade ein Zehntel der Gesamtbevölkerung. Dies ist auch eine Folge der stetigen, im Zuge der Industrialisierung intensivierten Abwanderung von Arbeitskräften in den Raum um die Hauptstadt Luxemburg. Denn während der Norden davon kaum erfasst wurde, hat die Industrielle Revolution den Süden seit der Mitte des 19. Jahrhunderts nachhaltig geprägt. Sie hat auch dazu beigetragen, dass sich das zuvor nicht gerade wohlhabende Land mit zur reichsten Region im westlichen Europa entwickeln konnte.

Die Hauptgründe hierfür waren die kurz nach 1860 einsetzenden Eisenerzfunde und die rasch darauf folgende Erschließung dieser Fundstätten. Es handelte sich dabei um Lager im Süden des Großherzogtums mit sehr geringem Eisen- und hohem Phosphorgehalt. Diese Art von «Brauneisen», die man mit dem französischen Namen *Minette* (= «Erz-chen») belegt hat, findet sich auch im nördlichen

Lothringen bis in den Raum Metz hinein. Nachdem entsprechende Verfahren zur Eliminierung unerwünschter chemischer Beimengungen bei der Eisenherstellung entwickelt worden waren und sich nunmehr Förderung und Verarbeitung im großen Stil rentierten, blühte auch die Eisenherstellung sowohl im luxemburgischen als auch im lothringischen Förderbereich auf.

Die Zugehörigkeit zum preußisch-deutschen Zollgebiet und die Nähe der saarländischen Kohlegruben – sowie später, nach dem Zollanschluss an Belgien im Jahre 1919, die Nachbarschaft zu den dortigen Kohlevorkommen – begünstigten im Großherzogtum den Aufbau einer eigenen Stahlindustrie, die bald zu den potentesten Westeuropas zählte. Bereits um 1900 holte man aus den damals sechsundsiebzig Gruben, die zum größeren Teil im Tagebau betrieben werden konnten, jährlich rund fünf Millionen Tonnen Eisenerz. Erhebliche Mengen davon wurden in die Nachbarstaaten ausgeführt.

Im Land selbst wurden um 1900 in siebenundzwanzig Hochöfen 1,1 Millionen Tonnen Roheisen hergestellt (zum Vergleich: im wesentlich größeren Ruhrgebiet waren es damals rund 4 Millionen Tonnen). Die Zahl der Förderanlagen wuchs bis in die 1920er-Jahre beträchtlich an, sank dann aber bis 1974 auf ganze sechs ab. Der Höhepunkt der Erzförderung wurde 1957 erreicht (7,84 Millionen Tonnen), 1976 waren es jedoch nur noch 2,1 Millionen Tonnen, und da die Förderung der sich erschöpfenden Vorkommen zu aufwendig wurde, sah man sich schließlich genötigt, sie aufzugeben. Im gleichen Zuge war inzwischen – in ähnlicher Weise und aus den gleichen Gründen wie in Belgien – die einst prosperierende Roheisen- und Stahlerzeugung in Schwierigkeiten geraten. Die ganz Westeuropa erfassende Strukturkrise der Stahlindustrie traf Luxemburg, dessen Wirtschaft weitgehend auf diese Branche hin ausgerichtet war, in den späten 1970er-Jahren besonders hart. Der Stahlsektor hatte damals am gesamten Wirtschaftsaufkommen nur noch einen Anteil von rund 30 Prozent, und gegenwärtig beträgt der seiner Brutto-Wertschöpfung keine 3 Prozent mehr.

Der seit 1882 bestehende Stahlkonzern *Arbed* (*Acieries réunies de Burbach-Eich-Dudelange*, dt.: *Vereinigte Stahlwerke von Burbach, Eich und Düdelingen*[10]) unterzog sich einem drastischen Schrumpfungsprozess: Von den 27 000 Mitarbeitern, die noch zu Beginn der 1970er-Jahre hier beschäftigt waren, wurden fast drei Viertel entlassen bzw. auf Rente gesetzt. Um Kosten zu sparen, modernisierte man die Betriebsabläufe. Schließlich ging das Unternehmen 2002 mit dem französischen Konzern *Usinor* und dem spanischen *Aceralia* eine Fusion ein. Das neue Unternehmen mit dem Namen *Arcelor* – das von Luxemburg aus geleitet wurde und damals weltweit der zweitgrößte Stahlkonzern war – wurde im Jahre 2006 vom britisch-indischen Konzern *Mittal Steel* übernommen und ist gegenwärtig mit seinen Niederlassungen in Europa, Süd- und Ostasien sowie Nord- und Südamerika weltweit mit Abstand der größte Stahlproduzent. Trotz großer Einbußen hat sich so die Eisen- und Stahlindustrie durchaus im Land behaupten können, wenn dies auch weniger hinsichtlich der Produktion als im Hinblick auf das Management der Fall ist. Denn in der Hauptstadt Luxemburg siedelte sich die Zentrale des neuen Großunternehmens an.

Die letzte Fusion war dabei im Land höchst umstritten, da sie – wie man es inzwischen formuliert – als sog. feindliche Übernahme über den masseweisen Aufkauf von Aktienpapieren an den Börsen ablief. Es gelang jedoch durch die Konzernverschmelzung, die luxemburgische Stahlbranche zu stabilisieren, das heißt im weltweiten Stahlgeschäft präsent zu bleiben, ohne selbst noch Stahl zu produzieren. Diese Stabilisierung erfolgte einerseits zwar unvermeidlicherweise auf wesentlich niedrigerem Niveau als einstmals, jedoch ökonomisch gesehen in durchaus zukunftsträchtiger Form, weil mit der Etablierung der Konzernzentrale in der Hauptstadt des Großherzogtums diese in ihrer Rolle als Dienstleistungsstandort gestärkt wurde.

Auch sonst gelang die wirtschaftliche Umstrukturierung, wenngleich auch unter großen Mühen und Schmerzen, da man zeitweilig eine hohe Arbeitslosigkeit in Kauf nehmen musste. Denn seit der Krise der 1970er-Jahre begegneten die luxemburgischen Regierungen den neuen Herausforderungen mit einer konsequenten Politik der wirtschaftlichen Neuorientierung, und sie versuchten zugleich, die sozialen Konsequenzen der Schrumpfung in der bisherigen Leitindustrie abzufedern. Wirtschaftliche Neuorientierung bedeutete, dass man sich verstärkt um die Ansiedlung verarbeitender Industriezweige, etwa in der Metall- und der Kraftfahrzeugbranche sowie in der Chemie- und Elektroindustrie kümmerte. Vor allem amerikanische Unternehmen wie der Autoreifenhersteller Goodyear und der Chemie-Riese Du Pont de Nemours gründeten im Großherzogtum – und zwar nördlich der Hauptstadt in Colmar-Berg sowie im östlichen Grenzstädtchen Echternach – Zweigbetriebe.

Es gelang aber auch, die obsolet gewordenen Industriebetriebe um die Hauptstadt durch neue zu ersetzen, so dass das frühere Stahlrevier nicht völlig zur Industriebrache verkam. Vor allem bemühte man sich um die Anwerbung bzw. um den Ausbau von Dienstleistungsbetrieben. In diesem Bereich hat sich vor allem das – nach dem Vorbild der Schweiz international ausgerichtete – Bankwesen gut entwickelt, wenn auch nicht immer zur Freude der benachbarten Staaten. Denn die Hauptstadt Luxemburg – inzwischen der siebtgrößte Bankenstandort der Welt – wurde und wird von kapitalkräftigen Ausländern gerne als Depot für Gelder genutzt, die sie daheim nicht versteuern wollen. Als Steueroase für «Schwarzgelder» und Paradies für «Geldwäsche» geriet das Großherzogtum zeitweilig vor allem in Deutschland in einen schlechten Ruf (obwohl auch manche deutsche Banken nicht zögerlich damit waren, ihren Kunden entsprechende Ratschläge zu geben). Inzwischen sind die Misshelligkeiten um die im Großherzogtum gebunkerten Schwarzgelder abgeflaut, weil man sich in den EU-Staaten darum bemüht, gemeinsame Regeln für dieses Problem zu finden, aber auch weil Nachbarstaaten wie die Schweiz und Liechtenstein in dieser Hinsicht viel unverfrorener handeln.

Unbestreitbar ist, dass die luxemburgische Volkswirtschaft mit am besten und als eine von relativ wenigen in Europa den Sprung von der Industrie- in die Dienstleistungsgesellschaft vollbracht hat. Dies lässt sich an Hand des Anteils der Beschäftigten in den drei ökonomischen Hauptsektoren gut nachvollziehen. Während vor dem Ersten Weltkrieg noch rund 44 Prozent der arbeitenden Bevölkerung im Landwirtschafts- und Forstwesen tätig waren, außerdem rund 39 Prozent im Bergbau und in der Industrie sowie lediglich 16 Prozent in den Bereichen von Dienstleistungen und öffentlicher Verwaltung, so waren es um 1980 im Primärsektor nur noch 5,6 Prozent, im Sekundärbereich zwar noch 38 Prozent, dafür jedoch im Tertiärsektor 56,8 Prozent. Gegenwärtig hat sich der Anteil im ersten Bereich sogar auf 1,2 Prozent, im zweiten auf 21 Prozent verringert, und er ist dafür im tertiären Sektor auf nahezu 78 Prozent angestiegen. Da hier die höchste Wertschöpfung stattfindet, ist Luxemburg – gemessen am Bruttoeinkommen pro Kopf mit 71 240 Dollar – nach Liechtenstein (89 900 Dollar) und Norwegen (rund 65 500 Dollar), aber vor der Schweiz (58 500 Dollar), Dänemark (48 300 Dollar) und Schweden (43 500 Dollar) – das reichste Land in Europa und liegt deutlich vor seinen Nachbarländern Belgien (38 500 Dollar), Deutschland (36 800 Dollar) und Frankreich (36 500 Dollar). Dem entspricht eine (für das Jahr 2008 errechnete) Arbeitslosenrate von lediglich 4,7 Prozent, von der man in Deutschland (9,0 Prozent), Frankreich (8,3 Prozent) und Belgien (7,5 Prozent) nur träumen kann.

Es gab sogar in den letzten Jahrzehnten einen erhöhten Bedarf an Arbeitskräften. Luxemburg hat daher einen überaus großen Anteil an ausländischer Bevölkerung. Er beträgt gegenwärtig rund 40 Prozent, eine Quote, die in keinem anderen europäischen Land auch nur annähernd erreicht wird. Etwas mehr als ein Drittel davon entfällt auf portugiesische Kräfte, die mit ihren Familien nach der Aufnahme Portugals in die Europäische Gemeinschaft im Jahre 1986 angesichts der damals in der Heimat recht prekären Lage auf dem Arbeitsmarkt in Scharen in das aufnahmebereite Großherzogtum kamen. Sie stellen hier mit rund 15 Prozent inzwischen die weitaus größte ausländische Bevölkerungsgruppe, deutlich vor den Franzosen (5,2 Prozent), den Italienern (4 Prozent), den meist aus den aufgelassenen wallonischen Industrierevieren stammenden Belgiern (3,6 Prozent) und den Deutschen (2,4 Prozent). Hinzu kommen zahlreiche Berufspendler aus den Grenzgebieten der drei Nachbarländer: rund 40 Prozent der in Luxemburg Tätigen. Die Hälfte davon reist aus dem französischen Lothringen an, je etwa ein Viertel kommt aus Wallonien und dem östlich angrenzenden Deutschland.

Die Gesellschaft Luxemburgs hat also einen enormen Umbruch gemeistert. Der gestiegene Wohlstand ist dabei nicht nur den Wohlhabenderen zugute gekommen, sondern die Gesellschaftsstruktur ist im Vergleich zu den Nachbarländern erstaunlich homogen. Da sich in dem kleinen Land seit dem Ersten Weltkrieg – lediglich unterbrochen durch die deutsche Besatzung und die Eingliederung in die Nazi-Diktatur zwischen 1940 und 1944 – kontinuierlich eine stabile Demokratie entwickeln konnte und man dazu imstande war, die Folgen der «De-Industrialisierung» seit den 70er-Jahren des vorigen Jahrhunderts abzufedern, kann man von innergesellschaftlichen Gegensätzen viel weniger sprechen als in den von ähnlichen Veränderungen betroffenen Nachbarländern, auch wenn es natürlich – wie überall in der modernen Staatenwelt – eine «Einkommensschere» gibt. Hinzu kommt, dass Luxemburg der Geißel der Fremdenfeindlichkeit, die in den Nachbarstaaten und selbst in den traditionell toleranten Niederlanden eher im Wachsen begriffen ist, weitgehend entgangen zu sein scheint. Dies hängt sicherlich mit der Herkunft der ausländischen Arbeitskräfte und mit dem schon lange gewohnten Berufspendlertum aus den drei angrenzenden Staaten zusammen, aber auch mit der Mehrsprachigkeit des Großherzogtums, die man seit langem bewusst gepflegt und problemlos in das soziale Miteinander integriert hat. So zeigt sich das kleine Land auch in dieser Hinsicht für das übrige Europa als Vorbild.

9

DAS KULTURELLE LEBEN

Wer es unternimmt, die «Kultur» Belgiens zu beschreiben, kann schwerlich erst mit der Staatsgründung von 1830/31 einsetzen, denn es gibt nur wenige Kulturlandschaften in Europa, die auf eine so lange Tradition zurückblicken. Der belgische Historiker Henri Pirenne (*1862, †1935) hat sein Heimatland einmal mit dem antiken Syrien verglichen, das gleichfalls eine Art Schnittstelle *(carrefour)* verschiedener Kulturströmungen – sowohl des alten Orients als auch der klassischen griechisch-römischen Mittelmeerwelt – gewesen sei. Auf das heutige belgische Staatsgebiet bezogen, ist damit gemeint, dass sich hier seit dem frühen Mittelalter immer wieder Einflüsse aus dem nördlichen Frankreich, dem südlichen England und dem Rheingebiet gegenseitig durchdrungen haben und oft in diese Räume zurückstrahlten. Nicht zu unterschätzen sind in diesem Zusammenhang auch die Wechselbeziehungen mit Italien, mit dessen Handelsmetropolen seit dem 12. Jahrhundert nicht nur rege Wirtschaftskontakte bestanden, sondern auch ein fruchtbarer Ideenaustausch stattfand. Dieser intensivierte sich während der Renaissance, also im 15. und 16. Jahrhundert, und führte zu wechselseitigen Anregungen sowohl im künstlerischen Schaffen als auch in der Literatur und auf den verschiedenen wissenschaftlichen Gebieten.

Spricht man von der Kultur dieses «südniederländischen» Raumes, so fallen einem zunächst die großen Werke der «flämischen» Baukunst und Malerei ein, vor allem aus der Zeit zwischen dem ausgehenden 14. und dem frühen 17. Jahrhundert. Vor dem geistigen

Barbobrunnen, Rathaus und Zunfthäuser am Großen Markt von Antwerpen

Auge ragen die Kirchen, die Rat- und Zunfthäuser sowie die Tuchhallen empor, die noch heute die städtischen Zentren prägen, etwa die von Brügge, Kortrijk, Gent oder Antwerpen. Zugleich denkt man unwillkürlich an die großen Werke der flämischen Malerei von der Zeit der Gebrüder van Eyck – Hubert (* ca. 1370, † 1426) und vor allem Jan (* ca. 1390, † 1441) – bis Peter Paul Rubens (*1577, † 1640). Dazwischen liegt die Schaffensperiode der beiden Bruegel – Pieter d. Ä. (* ca. 1525, † 1569) und Pieter d. J. (* ca. 1564, † ca. 1638) – mit ihren deftigen Volksszenen und oft ins Grotesk-Spukhafte gehenden Darstellungen. Es ist die Epoche zwischen dem ausklingenden bzw. in die sog. Renaissance einfließenden «Mittelalter» und der erneuten

Blüte um 1600, der Zeit des beginnenden «Barock». Die Errungenschaften, aber auch die Stimmungen und Ängste des späten Mittelalters hat der niederländische Historiker Jan Huizinga (*1872, †1945) in seinem zuerst 1919 erschienenen Werk *Herfsttij der middeleeuwen* («Herbst des Mittelalters») eindringlich beschrieben. Die reichen Zeugnisse des Schaffens von Rubens und seiner Schule füllen die bedeutenden Museen der Welt. Die Auseinandersetzung mit den großen italienischen Vorbildern in der Malerei und der Architektur, die Rezeption und Bearbeitung von Motiven der antiken Mythologie, die Neubesinnung auf die christlichen Glaubensinhalte unter dem Schirm der Papstkirche nach dem Konzil von Trient, sie alle vereinen sich hier im frühen Barock mit den Themen der Malkunst des späten Mittelalters und der Renaissance zu einem neuen, vorläufig letzten Höhepunkt der flämischen Malerei.

Die Bezeichnung «flämisch» greift indes räumlich zu kurz. Denn es geht hier nicht nur um Werke, die in der alten Grafschaft Flandern – also in etwa den heutigen Provinzen West- und Ostflandern – entstanden sind, sondern auch in den angrenzenden Territorien: nach Süden hin in den Grafschaften Artois, Hennegau und Namur, nach Osten hin im (ursprünglich weit in das heutige Königreich der Niederlande hineinreichenden) Herzogtum Brabant und im Fürstbistum Lüttich sowie in Richtung Norden zumindest in den Grafschaften Seeland und Holland. Der Schwerpunkt lag indes anfangs eindeutig in Flandern, er verlagerte sich jedoch im Laufe des 15. Jahrhunderts mehr nach Brabant. Denn in beiden Territorien gab es sowohl eine durch reiche Städte geprägte bürgerliche wie auch – vor allem seit der Zeit der Herzöge von Burgund – eine höfisch geprägte Kultur. Letztere konzentrierte sich zwar vor allem auf die Residenz Brüssel und erlebte ihren Höhepunkt in der langen Regierungszeit Herzog Philipps des Guten von Burgrund (*1396, †1467, reg. seit 1419). Beide, die städtische wie die höfische Kultur, standen aber keineswegs zueinander im Gegensatz, sondern befruchteten sich gegenseitig zum Teil erheblich.

Auch die Literatur hatte in Flandern und Brabant einen wichtigen Schwerpunkt. Dies ergab sich einerseits daraus, dass die französische Ritterdichtung des Mittelalters – Epik wie Minnelyrik – hierhin ausstrahlte und nachgeahmt wurde, man auf der anderen Seite aber auch volkstümliche Stoffe aufgriff und bearbeitete. Von ihnen ist uns der (im deutschen Sprachraum vor allem in der Hexameter-Bearbeitung Goethes bekannt gewordene) *Reinecke Fuchs* am besten vertraut. Die Abenteuer dieses listigen Schurken werden in dem aus etwa 3500 Versen bestehenden Werk *Van den vos Reynaerde* erzählt, das ein uns lediglich dem Namen nach bekannter Autor um 1260 auf «Mittelniederländisch» verfasst hat. Es hat seinen Ursprung in mannigfachen französischen Bearbeitungen des 12. und 13. Jahrhunderts, für die seinerseits bereits eine in Flandern entstandene Vorlage benutzt worden zu sein scheint.

Die Literatur des 15. Jahrhunderts im mittelniederländischen Gewand ist sonst eher religiösen Inhalts. Ein Beispiel hierfür ist das um 1470 verfasste Drama *Elckerlijc* eines anonymen Autors (im deutschen Sprachraum bekannter durch die Bearbeitung Hugo von Hofmannsthals unter dem Titel *Jedermann*). Vielfach religiösen Inhalts bzw. religiös motiviert sind auch die Dichtungen, die aus den sog. Rhetorikerkammern *(rederijkerkamers)* hervorgingen. Hierbei handelte es sich um Autorenvereinigungen nach dem Vorbild und in der Form von Gewerbezünften, die oft unter landesherrlichem Schutz standen. Ihre Mitglieder bezeichneten sich (nach dem griechischen Wort *rhētorikós*) als *rederijkers* bzw. *rhétoriqueurs*. Rhetorikerkammern bestanden zunächst in Brügge und Gent, dann in Brabant (Brüssel, Antwerpen), später auch in Holland. Sie pflegten ihre Muttersprache nach antiken Vorbildern und traten durch literarische Wettbewerbe hervor, aus denen neben Gedichten jedweder Art und für alle Gelegenheiten auch Theaterstücke (darunter der erwähnte *Elckerlijc*), vor allem aber Komödien hervorgingen, die nach ihrer Aufführung – ähnlich wie im antiken Athen die Tragödien – mit Preisen bedacht wurden. Für die Herausbildung der niederländischen Hochsprache, wie sie sich im 17. Jahrhundert in der Republik der nördlichen Niederlande entwickeln sollte, haben sie eine nicht zu unterschätzende Bedeutung.

Ein besonderer Stellenwert kommt den alten Niederlanden in der Musik zu. Vor allem der Grenzraum zu Frankreich hat bereits im 14. und 15. Jahrhundert bedeutende Kirchenmusiker hervorgebracht, die parallel mit italienischen Komponisten den neuen (wie es scheint, zuerst um 1200 an der Pariser Kathedrale von Notre-Dame entwickelten) Stil der «Polyphonie» weiterführten. In den südlichen Niederlanden stand hierbei zunächst der Bischofssitz Cambrai an erster Stelle, weitere wichtige Musiker des 14./15. Jahrhunderts kamen aus dem Hennegau, aus Flandern und aus Brabant. Musikalische Darbietungen spielten aber nicht nur in der Kirchenmusik (vor allem für Messen), sondern (etwa in der Form von Motetten, weltlicher Madrigale oder Chansons) mehr und mehr auch am Brüsseler Hof eine wichtige Rolle. Die engen Beziehungen der burgundischen Herzöge sowohl zum französischen Königtum wie auch zu den kleineren norditalienischen Fürstenhöfen bzw. zur Republik Venedig führten – ähnlich wie bei den Bildenden Künsten – zu einer intensiven wechselseitigen Beeinflussung. Die Verbindungen mit Italien verstärkten sich noch mit dem Beginn der Gegenreformation ab der Mitte des 16. Jahrhunderts.

Unter den «franko-flämischen» bzw. altniederländischen Komponisten des späten 16. Jahrhunderts ragen vor allem Philippe de Monte (*1521, †1603) aus Mecheln und Orlando di Lasso (eigentlich: Roland De Lattre, *1532, †1594) aus dem hennegauischen Mons hervor. De Monte wirkte früh am Hof von Neapel, wo damals ein spanischer Vizekönig residierte, dann als Hofmusikus König Philipps II. von Spanien, mit dem er 1554/55 in England weilte, sowie schließlich in Italien und seit 1568 am Kaiserhof der Habsburger in Wien und in Prag. An «Internationalität» stand ihm Orlando di Lasso kaum nach. Er arbeitete seit 1553 als päpstlicher Kapellmeister in Rom und stand ab 1564 der Hofkapelle des Herzogs von Bayern in

München vor. Er gilt neben seinem großen italienischen Zeitgenossen Giovanni Pierluigi da Palestrina (*1514, †1594) als bedeutendster Komponist seiner Zeit.

Zur Zeit der Regierung des Erzherzogpaars Isabella und Albrecht von Österreich erlebte die südniederländische Musik eine Nachblüte, dann verlagerte sich der Schwerpunkt des musikalischen Schaffens im nordalpinen Europa jedoch mehr ins Reich, zuerst an die größeren katholischen, dann auch an protestantische Höfe. Ein Wiederaufschwung der franko-flämischen Musik vollzog sich allerdings ab 1714 nach dem Erwerb der südlichen Niederlande durch den österreichischen Zweig des Hauses Habsburg. Neben den immer noch intensiven Verbindungen zu den Musikzentren Italiens wurden jetzt die zum Wiener Hof und nach Böhmen immer wichtiger.

Den Übergang von der Barockmusik zur frühen Klassik markiert der aus Lüttich stammende und am Hof der dortigen Fürstbischöfe tätige Jean-Noël Hamal (*1709, †1778), der außer geistlicher Musik auch Sinfonien und Opern im wallonischen Volksdialekt schrieb. Neben ihm steht der sowohl von den italienischen Meistern wie von der französischen Musik seiner Zeit beeinflusste, ungemein vielseitige Joseph-Hector Fiocco (*1703, †1741), Sohn eines aus seiner Heimat ausgewanderten Venezianers. Er wirkte in Antwerpen wie in Brüssel und komponierte neben geistlichen Stücken auch Tanzsuiten. Der um eine Generation jüngere François-Joseph Gossec (*1734, †1829) ragt bereits ins 19. Jahrhundert hinein und umspannt, auch wenn er nur in der zweiten Reihe der Komponisten seiner Epoche steht, als Zeitgenosse Haydns wie Beethovens die Epoche der in die frühe Romantik übergehenden Klassik. Seine Tätigkeit erstreckte sich auf fast alle musikalischen Gattungen, in denen er – allerdings fast ausschließlich in Paris wirkend – seine Vielseitigkeit unter Beweis stellte. In jungen Jahren von dem französischen Meister Jean-Philippe Rameau (*1683, †1764) beeinflusst, in dessen Orchester er 1754 eintrat, knüpfte er später Kontakte zur Mannheimer Schule der aus Böhmen stammenden Familie Stamitz. Er begeisterte sich für die Ideale der Französischen Revolution, komponierte für die Beisetzung Mirabeaus 1791 einen auch später oft gespielten Trauermarsch, dazu im Sinne der 1793/94 herrschenden Jakobiner Hymnen auf das «Höchste Wesen» und auf «Die Menschheit», außerdem Militärmärsche und eine Oper über die Entstehung der «Marseillaise». Bereits 1792 hatte man ihn mit einer Sängergruppe nach Belgien geschickt, mit der er die seit dem Scheitern der Brabanter Revolution erloschene Aufstandsgesinnung wiederbeleben sollte. 1795 bestellte man ihn zu einem der Leiter des neu gegründeten Pariser Konservatoriums, und er widmete sich bald fast nur noch und nach dem Sturz Napoleons dann ganz der Ausbildung des Musikernachwuchses.

Kulturell gesehen war «Belgien» im späten 16. wie im frühen 17. Jahrhundert stark von der Abwanderung der flämischen Eliten betroffen. Denn zu dieser Zeit schlug der Exodus von Protestanten zu Buche, die ihres Glaubens wegen in die benachbarte Republik flüchteten. Später verließen auch Künstler und Wissenschaftler aus dem frankophonen Süden das Land. Sie blieben zwar beim alten Glauben, wurden jedoch von den besseren Verdienstmöglichkeiten in Spanien oder Italien, teilweise auch in den katholischen Territorien des Reiches angelockt. Seit dem späten 17. Jahrhundert machte sich die Anziehungskraft Frankreichs immer stärker bemerkbar. Wer sich in Europa zur höfischen oder zur städtischen Elite zählte, der musste jetzt das Französische beherrschen oder suchte nach Bestätigung in Frankreich selbst, stand doch fast ganz Europa seit der Zeit Ludwigs XIV. unter dem Einfluss der damals die großen Vorbilder Italiens hinter sich lassenden französischen Kultur. Dies galt vor allem für die Bildenden Künste und die Literatur. In den traditionell Frankreich gegenüber sehr offenen südlichen Niederlanden war dieser Einfluss vielleicht noch stärker als anderswo. Dies lag daran, dass der Hof in Brüssel, an dem man schon immer vorwiegend Französisch gesprochen hatte, unter den spanischen wie später auch unter den österreichischen Statthaltern eine viel bedeutendere Rolle spielte, als dies noch zur Blütezeit der Bürgerkultur in den Städten Flanderns und Brabants der Fall gewesen war. Die politische Annäherung zwischen Frankreich und Österreich, die 1756 nach langer Feindschaft vollzogen wurde, führte zwar mit zum Ausbruch des Siebenjährigen Krieges zwischen Großbritannien und Frankreich einersowie zwischen Preußen und Österreich andererseits, sie leitete aber nach Kriegsende ab 1763 in Westeuropa eine fast dreißigjährige Friedensperiode ein. Von ihr profitierten die späteren Staaten Belgien und Luxemburg in jeder Hinsicht, und die kulturelle Prägung durch Frankreich verstärkte sich noch mehr.

Der Höhepunkt der engen Verflechtung mit dem mächtigen südlichen Nachbarland war die Einverleibung der gesamten südlichen Niederlande in die aus den Revolutionsereignissen seit 1789 hervorgegangene Französische Republik im Jahre 1794. Teil der «Grande Nation» und ab 1804 von Napoleons «Grand Empire» zu sein, erfüllte viele mit Stolz, vor allem das frankophone Bürgertum im Süden Belgiens, das gerade die ersten Schritte auf dem Weg zur Industrialisierung unternahm. Besonders hartnäckig war in diesen Kreisen auch der Widerstand gegen die Versuche König Wilhelms I., der seit 1815 auch über Belgien regierte, den Norden des Landes kulturell enger mit den Niederlanden zu verbinden. 1830/31 hätte sich der größte Teil der belgischen Bevölkerung am liebsten wieder Frankreich angeschlossen. Die Eliten des neuen kleinen Königreichs betrachteten sich sprachlich-kulturell als Franzosen, und dementsprechend war die belgische Kultur bis weit ins 20. Jahrhundert hinein französisch geprägt.

Das heißt nicht, dass die Kultur der niederländischen Bevölkerungsmehrheit, die sich in der Tradition des späten Mittelalters, der Renaissance und des frühen Barock sah, im neuen belgischen Staatswesen keine Bedeutung mehr besaß. Sie wurde indes kaum noch wahrgenommen. Die ersten Ansätze, so etwas wie eine «flämische» Kultur neu zu erschaffen, fallen mit der Gründung des belgischen Staatswesens zusammen. Denn die Niederlandisierung vom Norden her in der Zeit des Königreichs der Vereinigten Niederlande war flämischerseits eher als Versuch einer religiösen Gleichschaltung durch den Protestantismus gewertet worden und kaum auf fruchtbaren Boden gefallen. Indem sie entsprechende Ideen aus dem späten 18. Jahrhundert aufgriffen, bemühten sich vor allem die Kleriker Jan Baptist David (*1801, †1866) und Guido Gezelle (*1830, †1899) um die literarische Wiederbelebung der echten «flämischen» niederländischen Sprache. Gezelle gilt als der bedeutendste flämische Lyriker des 19. Jahrhunderts. Der um eine Generation ältere David war zunächst als Schulmann in Mecheln, später als Professor für Niederländische Sprache und Geschichte an der Universität Löwen tätig (die nach ihrer Schließung in der französischen Zeit 1817 wiederbegründet, 1834 vom belgischen Staat geschlossen, seit 1835 aber als «freie» katholische Universität von der Kirche betrieben wurde). 1836 erwirkte er mit königlicher Unterstützung die Gründung der «Gesellschaft zur Förderung der niederdeutschen Sprach- und Literaturwissenschaft» *(Maatschappij ter bevordering van de Nederduitse Taal- en Letterkunde)*. Er verfasste mehrere Sprachlehrbücher, um die Standardisierung des Niederländischen in Belgien voranzutreiben und es als Literatursprache wieder hoffähig zu machen. In den recht heftigen Auseinandersetzungen um die Rechtschreibung seiner Muttersprache – etwas hochtrabend auch als «Rechtschreibungskrieg» *(spellingsoorlog)* bezeichnet – setzte er sich vehement für die Angleichung an die Orthographie des Niederländischen im nördlichen Nachbarland ein, um durch den Rückhalt von dort die Position der Flamen in Belgien zu stärken.

Unterstützt wurde er dabei von dem etwas älteren Jan Frans Willems (*1793, †1846), der sich bereits vor 1830 als Dichter wie als Philologe für die Wiederbelebung der Volkssprache eingesetzt, dabei aber mit der Regierung des ungeliebten Königs aus dem Norden zusammengearbeitet und sich kompromittiert hatte. Politisch zählte er zur bürgerlich-liberalen Richtung. Sein Zusammenwirken mit dem zum politischen Lager der Katholiken zählenden David entsprach dem Geist des politischen «Unionismus», der die Anfangsjahre des Königreichs Belgien bestimmte. Das Zusammenwirken beider Männer in der aufkeimenden Flämischen Bewegung führte schließlich 1844 dazu, dass die nordniederländische Orthographie auch für das südniederländische Flämische gesetzlich für verbindlich erklärt wurde. Das Ende des Unionismus, der politischen Zusammenarbeit zwischen den Lagern der Katholiken und der Liberalen, führte im Jahre 1846 allerdings zur Spaltung der Flämischen Bewegung in eine liberale Richtung (unterstützt durch den 1851 in Gent gegründeten *Willemsfonds,* eine Stiftung zur Förderung der flämischen Kultur) und eine klerikale (gefördert durch den 1875 eingerichteten *Davidsfonds*).

Der erste bedeutende Vertreter der flämischen Prosaliteratur war der aus Antwerpen stammende Hendrik Conscience (*1812, †1883). Er griff in seinen Romanen vielfach Themen aus der ruhmreichen Vergangenheit der Grafschaft Flandern und des Herzogtums Brabant auf, um seinem Lesepublikum einen Eindruck von der Größe früherer Zeiten zu vermitteln. Beispiele dafür sind *Der Löwe von Flandern* (*De leeuw van Vlaanderen,* 1838), ein Roman, der – ebenso wie der über *Jacob van Artevelde* (1849) – von den Auseinandersetzungen zwischen den flandrischen Städten und dem französischen Königtum zu Beginn des 14. Jahrhunderts handelt, oder *Im Wunderjahr 1566* (*In 't wonderjaar 1566,* 1837), in dem die Lage in den Niederlanden am Vorabend des Freiheitskampfs gegen die spanische Krone geschildert wird. Daneben stehen zahlreiche Werke, die das flämische Volksleben beschreiben, dessen idyllische Schlichtheit beschwören und dem neuen Industriebürgertum gewissermaßen einen Sittenspiegel vorhalten.

Es ist indes trotz dieser Bemühungen, die im Zusammenhang mit der bereits erwähnten Flämischen Bewegung zu sehen sind, unverkennbar, dass die belgische Kultur – das heißt in erster Linie die Bildenden Künste und das Musikleben – bis zum Ersten Weltkrieg im Wesentlichen französisch geprägt blieb. Am deutlichsten zeigt sich das über einen längeren Zeitraum hinweg wohl in der Musik. Die belgischen Komponisten waren im 19. Jahrhundert besonders stark durch die enge Verbindung mit dem Musikschaffen in der französischen Hauptstadt beeinflusst. Dies hing damit zusammen, dass hier die Oper und die Konzertkultur eine im westlichen Europa nahezu dominante Rolle einnahmen und natürlich auf die Musikschaffenden des kleinen nördlichen Nachbarn große Anziehungskraft ausübten. Allerdings gelang es dem ersten belgischen König (Leopold I.) 1832, den in Paris ausgebildeten und am dortigen Konservatorium als Professor für Komposition und Harmonielehre tätigen François-Joseph Fétis (*1784, †1871) nach Brüssel zu holen, wo er eine entsprechende Lehreinrichtung aufbaute. Fétis wurde auch durch die Herausgabe eines umfassenden biographischen Musikerlexikons bekannt, das zuerst 1834/35 erschien und sogar noch im Jahre 2001 neu aufgelegt worden ist. Obwohl man den Musikernachwuchs jetzt in Belgien selbst ausbilden konnte, zog es doch manches Talent weiterhin nach Paris, so den gebürtigen Lütticher César Franck (*1822, †1890), der zu den bedeutendsten Komponisten des 19. Jahrhunderts zählt, aber auch den Erfinder des «Saxophons» Adolphe Sax (*1814, †1894), der die verschiedenen Varianten dieses Instruments erst in seiner Pariser Zeit ab 1842 entwickelte.

Allmählich begann sich aber das belgische Musikleben eigenständiger zu entwickeln, obwohl die Verbindungen nach außen, vor allem zu Frankreich sowie um 1900 zunehmend auch zu Deutschland und Österreich sowie zu Großbritannien, ja bis hin nach Italien weiterhin bestanden und sich das Musikleben dieser Länder gegenseitig beeinflusste. Zu den namhaften Komponisten dieser Zeit zählen der Brüsseler Paul Gilson (*1865, †1942) und Joseph Jongen (*1873, †1953) aus Lüttich, die sich der Musik Richard Wagners nahe fühlten, sowie der früh verstorbene Guillaume Lekeu (*1870, †1894). Stärker von französischen Einflüssen geprägt war der gebürtige Lütticher Armand Marsick (*1877, †1959), der drei Jahrzehnte seines Lebens hindurch in Paris, Rom, Athen und Bilbao wirkte und auf das

Musikleben seiner Gastländer einen nicht zu unterschätzenden Einfluss ausübte.

Den Übergang zur Moderne markiert der aus dem Hennegau stammende Jean Absil (*1893, †1974), der stark von Strawinski und Bartok beeinflusst war. Neuen Richtungen wandten sich Karel Goeyvaerts (*1923, †1993) aus Antwerpen, der sich enger mit dem Deutschen Karlheinz Stockhausen verband, sowie der in Malmedy geborene Henri Pousseur (*1929) zu, der sich vor allem auf dem Gebiet der elektronischen Musik betätigte. Zudem hat Belgien nicht unbedeutende Jazzmusiker hervorgebracht wie den sowohl auf der Mundharmonika als auch auf dem Akkordeon brillierenden Jean Baptiste («Toots») Thielemans (*1922) und den Gitaristen Philip Cathérine (*1942), vor allem jedoch international bekannte Chansonniers wie den in Frankreich tätigen Jacques Brel (*1929, †1978) und Helmut Lotti (eigentl.: Lotigiers, *1969), der ebenfalls als Sänger klassischer Partien hervorgetreten ist.

Auch in der Architektur und in der Bildenden Kunst überhaupt war Frankreich mit seiner Hauptstadt für Belgien lange prägend. Was Brüssel betrifft, so kann man sogar von einer sklavischen Nachahmung der französischen Metropole sprechen. Sie ging mitunter so weit, dass ironische Beobachter den Spruch prägten: «Wenn es in Paris regnet, dann tröpfelt es in Brüssel.» Damit war gemeint, dass man sich hier anschickte, ein Gegenstück der französischen Metropole zu werden. Verständlich ist dies deswegen, weil Paris damals auf dem Kontinent der kulturelle Brennpunkt schlechthin, ja für viele die eigentliche Hauptstadt Europas war, dazu für eine Weile als einzige Millionenstadt der alten Welt neben London auch urbanistisches Vorbild für viele Zentren des Kontinents. Das städtebauliche Vorbild von Paris, wo man im Übrigen die belgische Hauptstadt eher mit Herablassung betrachtete, ist in Brüssel immer noch spürbar, wenn man zum Beispiel den breiten Ring von Boulevards betrachtet, der Ende des 19. Jahrhunderts an der Stelle der früheren Festungsmauern angelegt wurde.

Dabei ist Brüssel, äußerlich gesehen, ein interessantes, für europäische Hauptstädte im 19. Jahrhundert nicht untypisches Beispiel eines Nebeneinanders verschiedenster Bautraditionen und Baustile, die vom hohen Mittelalter bis in die Moderne reichen, neuerdings nicht immer zum Vorteil des Stadtbildes insgesamt. So finden wir hier zum Beispiel die – allerdings erst im 18. Jahrhundert vollendete – gotische Kathedrale St. Gundula und St. Michael, die grandiosen Bürgerbauten der Gotik wie auch aus der Renaissance- und Barockzeit auf dem Großen Markt-Platz, ferner – einander gegenüberliegend – am *Parc de Bruxelles* im Osten der Altstadt die klassizistischen Anlagen des Königsschlosses und des *Palais des Nations* (dem Parlamentssitz), beide aus der Zeit der Zugehörigkeit zu Österreich im späten 18. Jahrhundert. Ein Unikum ist der völlig überdimensionierte Justizpalast, der zwischen 1866 und 1883 unter Einbeziehung der

Der Brüsseler Justizpalast, erbaut von Joseph Poelaert in den Jahren 1866–1883

verschiedensten Stilrichtungen bis hin zu altägyptischen, babylonischen und klassisch-antiken Versatzstücken auf einer Anhöhe im Süden der Altstadt errichtet wurde und von hier aus bis heute das Stadtbild beherrscht.

Was die übrigen Bildenden Künste betrifft, so gab es neben dem Rekurs auf die eigene flämische Tradition und den erneut auflebenden Kontakten mit Italien eine starke Hinwendung zum französischen Klassizismus eines Jacques-Louis David (*1748, †1825) – der, aus Frankreich während der bourbonischen Restauration nach 1815 verbannt, sein letztes Lebensjahrzehnt in Brüssel verbrachte – und Jean Auguste Ingres (*1780, †1867). Auch die Romantik hatte bereits vor der Staatsgründung in Belgien Einzug gehalten. Einer ihrer Protagonisten war Gustave Wappers (*1803, †1874), dessen damals hoch gelobtes Gemälde *Épisode des Journées de Septembre sur la Place de l'Hôtel de Ville de Bruxelles* (1835) an Eugène Delacroix' bekannte Darstellung der Pariser Barrikadenkämpfe vom Juli 1830 *(Le 28 juillet 1830)* im Louvre erinnert und zu einer Ikone der belgischen Revolution wurde. Diese Kunstrichtung diente der Heroisierung der jüngsten Vergangenheit.

Eine solche Tendenz zur Geschichtsverklärung beherrschte überhaupt die ersten Jahrzehnte des unabhängigen Belgiens. Hier meinte man sich nicht nur darauf berufen zu können, Ursprungsgebiet der Karolinger zu sein, sondern behauptete sogar, Karl der Große sei auf belgischem Boden geboren (tatsächlich steht sein Geburtsort nicht genau fest und liegt wahrscheinlich etwas nördlich von Paris). Der Kult um Ambiorix, den Anführer der Eburonen (einem Stamm der von Caesar als so tapfer geschilderten antiken Belgen) oder um Gottfried von Bouillon (*1061, †1100), den Helden des ersten Kreuzzugs, erinnert ein wenig an die Verehrung des Galliers Vercingetorix in Frankreich oder an die von «Hermann, dem Cherusker» in Deutschland, die in beiden Ländern kurz nach der Mitte des 19. Jahrhunderts Nationaldenkmäler erhielten. Sie alle dienten als Identifikationsfiguren für das jeweilige Nationalgefühl, indem man mit ihrer Hilfe so etwas wie ein kulturelles Gedächtnis heraufzubeschwören suchte und sie dabei mythisch überhöhte.

Das späte 19. Jahrhundert brachte eine Abwendung von solchen Traditionsstoffen. Stattdessen widmete man sich neuen Darstellungsformen und Themen, die von den Künstlern als zeitgemäßer empfunden wurden. Dies war eine Entwicklung, wie sie auch in den übrigen europäischen Kunstmetropolen stattfand. Um 1900 aber stand das belgische Kunstleben in Europa mit an der Spitze; vor allem in der Malerei hatte man mit den damals maßgeblichen Vorbildern gleichgezogen. Die Initialzündung hierfür lieferte die 1883 gegründete Künstlergruppe *Les XX* («Die Zwanzig»), die nicht nur aus belgischen Bildhauern, Malern und Designern bestand, sondern auch mit der Künstlerszene sowohl in den Niederlanden als auch in Frankreich, Deutschland und Großbritannien, ja sogar in den USA vernetzt war. Maler wie der Symbolist Fernand Khnopff (*1858, †1921), James Ensor (*1860, †1949), Surrealist und Vorläufer des Expressionismus, oder Théo van Rysselberghe (*1862, †1926), der als Neo-Impressionist und Pointillist hervortrat, wurden international bewundert.

Nach dem Zweiten Weltkrieg setzte die im Juli 1945 ins Leben gerufene Gruppe *La jeune peinture belge* vom Post-Expressionismus bis hin zur abstrakten Kunst über Belgien hinaus Akzente. Zeitlich zwischen diesen beiden Gruppen stehen der Expressionist Constant Permeke (*1886, †1952), dessen Werk die Nationalsozialisten während des Zweiten Weltkriegs als «entartete Kunst» verdammten und dem Publikum entzogen, sowie die Surrealisten Paul Delvaux (*1897, †1994), René Margritte (*1898, †1967) und dessen Schüler Marcel Broodthaers (*1924, †1976), der sich auch als Lyriker einen Namen machte.

Eine Wende vollzog sich vor dem Ersten Weltkrieg auch in der Architektur und im Kunstgewerbe. Hierfür steht vor allem der sog. Jugendstil *(Art Nouveau)*. Was diesen betrifft, so hat er sich in Deutschland nicht zuletzt durch das Wirken des belgischen Architekten Henry van de Velde (*1863, †1957) verbreitet, der bei uns auch mit Pate für die «Neue Sachlichkeit» gestanden hat. Architektonisch haben in Brüssel vor allem seine Kollegen und Altersgenossen Paul Hankar (*1859, †1901) und Victor Horta (*1861, †1947) Spuren hinterlassen, letzterer vor allem durch den allerdings erst 1952 vollendeten Zentralbahnhof unweit des Großen Marktes.

Auffallend ist, dass in Belgien auch literarisch lange die Neigung bestand, die nationale Identität stärker aus der französisch geprägten Tradition herzuleiten. Gerade Brüssel zog immer wieder bedeutende Autoren aus dem südlichen Nachbarland an, die hier zeitweilig (nicht selten aus politischen Gründen) ihren Wohnsitz nahmen wie Victor Hugo (*1802, †1885) oder der ältere Alexandre Dumas (*1802, †1870). In Frankreich wirkten die wichtigsten literarischen Vorbilder der bedeutenderen belgischen Autoren, die auch ihrerseits auf Französisch schrieben. Sie werden daher üblicherweise der französischen Literatur zugerechnet, obwohl sie nicht selten flämischer Herkunft waren. Unter ihnen besitzt Charles de Coster (*1827, †1879) weltliterarischen Rang, vor allem sein Schelmenroman *La légende de Tiel Ulenspiegel et de Lamme Goedzak* (*Die Legende von Till Eulenspiegel und Lamme Goedzak*, 1867), in dem die Leiden vorwiegend der flämischen Bevölkerung während des Aufstands gegen Spanien in 16. Jahrhundert behandelt werden. De Coster greift hier zurück auf den spätmittelalterlichen niederdeutschen Eulenspiegelstoff. Er beschwört in diesem Zusammenhang Bilder, die vor allem an die des älteren Bruegel erinnern. Zugleich lehnt er sich stilistisch und literarisch an das Romanwerk des französischen Renaissanceschriftstellers François Rabelais (*1494, †1553) *Gargantua et Pantagruel* mit seinen grotesken Handlungen an, beschwört also die Welt des 16. Jahrhunderts gleichermaßen unter Anspielung auf die flämischen wie die französischen kulturellen Wurzeln seiner Heimat. Da er zugleich auf die Auseinandersetzungen mit dem Königreich der Niederlande nach der Revolution von 1830 anspielte, wurde das Buch in Belgien rasch zum «Nationalroman».

Die französischsprachigen Autoren fanden sich später in der 1881 gegründeten Zeitschrift *La jeune Belgique* zusammen. Unter ihnen ragt Émile Verhaeren (*1855, †1916) hervor, dessen Namen man in einem Atemzug mit den großen «symbolistischen» Lyrikern in Frankreich um die Wende des 19. zum 20. Jahrhundert nennen muss. Den Höhepunkt bildet hier das Werk von Maurice Maeterlinck (*1862, †1949), der als Lyriker, Dramatiker und Essayist hervortrat und für sein Werk – bislang als einziger Belgier überhaupt – 1911 mit dem Literatur-Nobelpreis ausgezeichnet wurde.

Allerdings eiferten die auf Französisch schreibenden Autoren Belgiens bis in die Zeit nach dem Ersten Weltkrieg weitgehend ihren Kollegen aus Frankreich nach, und zwar sowohl hinsichtlich der literarischen Form als auch in der Stilrichtung, auch wenn sie dabei – wie zum Beispiel der Naturalist Claude Lemonnier (*1844, †1916) – durchaus Ebenbürtiges leisteten. Erst in den 1930er-Jahren, etwa mit dem Lütticher Manifest der *Groupe du Lundi*, setzte so etwas wie eine Emanzipation gegenüber dem literarischen Führungsanspruch des Nachbarlands im Süden ein. Der Begriff *Belgitude* bezeichnet so seit seiner Prägung im Jahre 1976 auch den Anspruch, trotz der mit Frankreich gemeinsamen Literatursprache doch kulturell eigenständig zu sein und dementsprechend eingeschätzt zu werden. Dennoch wird man einen Autor von Weltrang wie den aus Lüttich stammenden Georges Simenon (*1903, †1989), der nicht nur mit seinen bekannteren Kriminalgeschichten um den Kommissar Maigret, sondern auch durch meisterhafte psychologische Romane hervorgetreten ist, wohl eher als Franzosen betrachten, zumal er seit den frühen 1920er-Jahren vorwiegend in Paris lebte. So wie ihn hat es immer wieder belgische Schriftsteller in die französische Hauptstadt gezogen, und diese haben sich – auch in der Erwartung, in Frankreich eine größere Lesergemeinde zu finden – spezifisch französischen Themen gewidmet. Allerdings ist die französischsprachige Literatur Belgiens nach 1945 wieder mehr darauf eingeschwenkt, ihr Land als eine Art Übergangsgebiet auch zum deutschen Sprachraum hin zu betrachten und mit ihren Themen mehr europäische Probleme anzusprechen.

Was die flämische Literatur nach 1900 betrifft, so sind hier französische wie deutsche Einflüsse unverkennbar. Einen Höhepunkt bildet das lyrische Schaffen von Paul van Ostaijen (*1896, †1928), der zeitweilig in Berlin lebte (hierhin musste er 1918 fliehen, weil er sich als Flame während des Ersten Weltkriegs politisch zu sehr exponiert hatte) und dort vom Expressionismus und Dadaismus beeinflusst wurde. Hervorgetreten ist er auch als Übersetzer der Werke Franz Kafkas. Der Klang seiner Verse – hier rufen die satten Töne des Niederländischen in der flämischen Aussprache entsprechende Assoziationen hervor – und die Themen seiner Gedichtzyklen (*Music Hall*, 1916; *Bezette stad [Besetzte Stadt]*, 1921) spiegeln die Zerrissenheit seiner Zeit mit ihrem sozialen Elend und den traumatischen Erfahrungen der Zivilbevölkerung im Weltkrieg wider. Mit an die späte Romantik erinnernder Melancholie und dadaistischen Sprachverzerrungen verleiht er diesen Erfahrungen Ausdruck.

Einen Kontrast dazu bildet das volkstümlich geschriebene, die Schlichtheit des einfachen Lebens und der Sinnenfreuden betonende Werk von Felix Timmermans (*1886, †1947) – etwa der Roman *Palletier* (1916) über einen naturverbundenen Bauern, aber auch die von einer gewissen Armutsromantik getragene Erzählung *Het kindeken Jesus in Vlaanderen* (*Das Jesuskindchen in Flandern*, 1919). Beschworen werden hier nicht zuletzt die idyllischen Landschaften und die Feste, die in der früheren flämischen Malerei festgehalten worden sind. Im deutschen Sprachraum fand Timmermans mit seinem ein wenig an den Mythos vom «Blut und Boden» erinnernden Erzählwerk viele Leser, obwohl diese meistens den tief religiösen Gehalt seiner Bücher verkannten. In Flandern selbst gab es bald eine Gegenbewegung, getragen etwa von Maurice Roelants (*1895, †1966) und Gerard Walschap (*1898, †1989), die eindringlich die gewohnte flämische Bauernthematik mit der Schilderung von Lebensumbrüchen und seelischen Konflikten verbanden.

Die flämische Nachkriegsliteratur ist zunächst bestimmt worden durch das Romanwerk von Louis-Paul Boon (*1912, †1979), der – selbst aus dem Arbeitermilieu stammend – äußerst realitätsnah die sozialen Probleme in den sozialen Brennpunkten der Vorstädte schildert und dabei auch vom Film inspirierte Erzähltechniken anwendet, mit denen er die Handlung auf mehreren Ebenen spielen lässt. Auch er ist gegen Ende seines Lebens auf die flämische Geschichte zurückgekommen: 1979 erschien nach jahrelangen Recherchen in Bibliotheken und Archiven postum sein historischer Roman *Het Geuzenboek (Das Geusenbuch).* Vielseitiger ist Hugo Claus (*1929, †2008), seines Zeichens nicht nur Schriftsteller und Dichter, sondern auch Maler, dazu Film- und Fernsehregisseur. Er hat ebenso Drehbücher wie Romane, Dramen und Gedichte verfasst und hierbei mit sämtlichen Stilrichtungen experimentiert. Sein – inzwischen auch in Deutschland recht bekanntes Hauptwerk – ist die Romantrilogie *Het verdriet van België* (*Der Kummer von Belgien*, 1983). Sie trägt autobiographische Züge und spielt zwischen 1939 und 1947 in einer Kleinstadt bei Kortrijk. Behandelt wird einmal die Kollaboration mit den Nazis, die bei nicht wenigen Flamen angesichts des Verdrusses über die Zurücksetzung durch den frankophonen Bevölkerungsteil mit der Hoffnung auf den Eintritt in ein künftiges «Großgermanisches Reich» verknüpft war, und sie lässt zudem die verklärende Verehrung anklingen, die in diesen Kreisen dem bei Kriegsende im ausländischen Exil weilenden König entgegengebracht wurde. In mancher Hinsicht erinnert der Roman auch an die deftigen Schilderungen in de Costers *Ulenspiegel.* Claus erhielt für sein Werk mehrfach Literaturpreise im Ausland, und er galt nicht zu Unrecht zeitweilig auch als Anwärter auf den Literaturnobelpreis. Mit ihm und zum Teil inspiriert durch ihn hat inzwischen eine neue Generation von flämischen Autoren die literarische Bühne betreten, die sich von den herkömmlichen Themen der flämischen Literatur immer mehr gelöst und in Flandern die literarische Postmoderne eingeläutet haben.

Eine stärkere Beteiligung der flämischen Seite am Kunstschaffen war bereits in der Zwischenkriegszeit, vor allem aber nach dem Zweiten Weltkrieg zu verzeichnen. War dies bei der 1948 von Künstlern aus Kopenhagen, Brüssel und Amsterdam ins Leben gerufenen, allerdings schon nach drei Jahren wieder aufgelösten Gruppe *CoBrA* noch nicht der Fall, da ihre wichtigsten Exponenten Christian Dotremont (*1922, †1979) und Pierre Aléchinsky (*1927) frankophon waren, so stammen Guillaume Bijl (*1946), Wim Delvoye (*1965) aus dem flämischen Landesteil. Die Mitglieder der *CoBrA* waren nicht nur künstlerisch, sondern auch literarisch ambitioniert. Sie wollten sich vor allem vom Surrealismus absetzen, der als zu konventionell empfunden wurde, und wandten sich einem «abstrakten Expressionismus» zu. Unter anderem ließ man sich dabei von der ostasiatischen Kunst beeinflussen. Bijl ist vor allem als Vertreter der zuerst vor allem in den USA entwickelten «Konzeptkunst» hervorgetreten, bei der es mehr auf die dem jeweiligen Kunstwerk zugrunde liegende Idee und weniger auf das Oeuvre selbst ankommt. Delvoye hingegen spielt mit Ekel und schlechtem Geschmack, indem er beispielsweise mit seiner Maschine *Cloaca* den menschlichen Verdauungsapparat parodiert und die damit hergestellten Exkremente als Kunstwerke zum Verkauf anbietet. Poetischen Anspruch erheben dagegen die Maschinenkonstruktionen von Henri van Herwegen (Künstlername *Panamarenko*, *1940), welche die Illusion technischer Machbarkeit vorführen sollen. Mit diesen Persönlichkeiten – deren Namen hier für viele stehen und nur exemplarisch genannt werden können – steht die belgische Kunstszene, die mit der in den übrigen europäischen Ländern wie in Amerika eng vernetzt ist, voll auf der Höhe der gegenwärtigen Tendenzen.

Dieser – notwendig geraffte – Überblick über die vielfältige belgische Kultur wäre unvollständig, wenn nicht ihr Beitrag zum modernen Medium des *Comics* wenigstens kurz erwähnt würde. Diese Form der populären Unterhaltungskunst steht zwar nicht im Ruf, die hohe Kultur zu bereichern, sie hat jedoch in bestimmten Bereichen nicht nur ein beachtliches Niveau erreicht, sondern durch originelle Ideen eine große Breitenwirkung erzielt. Es ist im allgemeinen wenig bekannt, dass drei der erfolgreichsten *Comic*-Serien überhaupt belgischen (und nicht, wie man gemeinhin annimmt, französischen oder amerikanischen) Ursprungs sind, nämlich der als Detektiv mit seinem kleinen Hund rund um die Welt abenteuernde, stets jungenhafte Reporter *Tin Tin* (dt.: «Tim und Struppi»), ferner *Les Schtroumpfs* («Die Schlümpfe») und schließlich der Westernheld *Lucky Luke*.

Detektiv Tim ist das Geschöpf des aus Brüssel stammenden Georges Remi (*1907, †1983), der aus seinen Initialen den Künstlernamen *Hergé* zusammensetzte. Die von ihm seit 1929 gezeichneten und mit Texten versehenen, nach dem Zweiten Weltkrieg teilweise auch verfilmten *Aventures de Tintin* können den Einfluss der amerikanischen Comic Strips kaum verleugnen. Sie sind jedoch so originell, dass sie auf die europäische Richtung dieser Art von illustrierten Geschichten großen Einfluss ausgeübt haben. Anfänglich stark vom konservativ-klerikalen Milieu geprägt, in dem Hergé aufgewachsen war und in dem er lange arbeitete, machte er sich von diesen Einflüssen allmählich frei. International zu Ruhm gelangt, wurde er kurz vor seinem Tod durch die belgische Astronomische Gesellschaft geehrt, als diese einen zwischen Mars und Jupiter um die Sonne kursierenden Asteroiden nach ihm benannte.

Die «Schlümpfe» sind Geschöpfe des Brüsseler Zeichners Pierre Culliford (Pseudonym *Peyo*, *1928, †1992). Ursprünglich Nebenfiguren einer Comic-Serie, in der die Abenteuer eines Pagen auf einer mittelalterlichen Burg dargestellt wurden, traten sie ab 1959 in eigenen Bildgeschichten auf und erfreuten sich als drollige Märchengestalten vor allem bei Kindern großer Beliebtheit, besonders nachdem sie 1976 den Weg in den Film und anschließend in eine Fernsehserie gefunden hatten. Lucky Luke ist dagegen bereits kurz nach dem Zweiten Weltkrieg von dem Zeichner Maurice de Bévère (Pseudonym *Morris*, *1923, †2001) ins Leben gerufen worden. Auf seinem gewitzten Pferd «Jolly Jumper» reitend, steht er im ständigen Kampf gegen die verbrecherischen «Dalton-Brüder» und besteht zahlreiche Abenteuer in Amerikas Wildem Westen, in die auch die «klassischen» Figuren der entsprechenden US-Filme einbezogen werden.

In allen drei Fällen ist es die witzige Parodie von Detektiv-, Wild-West- und Fantasy-Gestalten, die den Serien zu Welterfolgen verholfen haben. Der Bedeutung Belgiens und seiner Hauptstadt für die Verbreitung des Comics in Europa angemessen ist die Unterbringung des belgischen Comic-Zentrums *(Centre de la Bande Dessinée)* im früheren, 1906 durch Victor Horta (s. oben) fertiggestellten Kaufhaus Waucquez, einem der Glanzlichter der Jugendstilarchitektur, für die Brüssel einst ebenfalls einer der bedeutendsten Bezugspunkte war.

Als Randgebiet der südlichen Niederlande, dazu als sehr kleines Land mit relativ armer Bevölkerung hat Luxemburg bis zum 19. Jahrhundert kulturell kaum etwas Nennenswertes hervorbringen können. Die oberen Schichten orientierten sich stark nach Frankreich, bisweilen auch zum linksrheinischen Deutschland hin, oder sie waren auf die kulturellen Zentren Flanderns und Brabants bzw. des Hennegaus und auf Lüttich fixiert. Der französische Einfluss verstärkte sich noch nach der Einverleibung durch Frankreich und durch die zwischen 1794 und 1814 bestehende Zugehörigkeit zu diesem Land. Er blieb auch im frühen 19. Jahrhundert infolge der engen Verbundenheit mit der aufstrebenden belgischen Kultur prägend, da diese sich zum erheblichen Teil ebenfalls nach Frankreich ausrichtete. Man schaute aber auch auf Deutschland, vor allem auf seine klassischen wie seine romantischen Dichter. Der Aufschwung des Großherzogtums im Zuge der Industrialisierung ermöglichte dann im späten 19. Jahrhundert auch die Herausbildung eines eigenen Kulturlebens, das trotzdem zwischen den Vorbildern der beiden großen Nachbarstaaten hin und her schwankte.

In Luxemburg hängt das «nationale Erwachen» mit der Herausbildung des Bewusstseins zusammen, eine besondere Einheit inmit-

Halle im «Belgischen Comic-Zentrum» (Centre belge de la Bande dessinée) im Jugendstil-Kaufhaus Waucquez, Brüssel

ten der beiden großen, mittlerweile auf fast allen Gebieten miteinander wetteifernden Kulturnationen, also zwischen dem französischen und dem deutschen Sprachraum, zu bilden und weder ganz zu dem einen noch zum anderen zu gehören. In der Ära des hochfliegenden Nationalstolzes zwischen dem Zeitalter Napoleons und dem der beiden Weltkriege war das Pochen auf diese Zwischenstellung nicht nur außenpolitisch problematisch, sondern es warf auch die Frage auf, wie man die eigene «luxemburgische» Identität begründen sollte. Eine Antwort darauf versuchte der Journalist Batty Weber (*1860, †1940) zu geben, indem er 1905 – durchaus selbstbewusst – den Begriff der luxemburgischen «Mischkultur» prägte.

Mit der Furcht vor Vereinnahmung durch die eine oder die andere Seite hängt die Besinnung auf die Sprache des einfachen Volkes, das «Letzeburgische» *(Lëtzebuergesch)*, zusammen. Es war als Umgangssprache in allen Schichten verbreitet, doch man schätzte es aus der Sicht derjenigen, die sich auf Französisch verständigten, lange eher gering ein. Dies entsprach ganz allgemein der Haltung der frankophon geprägten Eliten in Frankreich selbst wie ganz allgemein im französischen Sprachraum, die in der Regel den verschiedenen Mundarten *(patois)* zwischen Ärmelkanal und Mittelmeer mit Unverständnis, ja mit Hochmut begegneten. Aber auch aus deutscher Sicht galt es gemeinsam mit den benachbarten moselfränkischen Dialekten als nicht literaturfähige Sprache, sondern taugte allenfalls zur Volksliedichtung. Zwar erfuhr diese durch die Romantik eine gewisse Aufwertung, aber trotzdem wurde ihr keine echte Anerkennung als Sprache der schönen Literatur zuteil. Die Besinnung auf das Letzeburgische erschien für viele Luxemburger daher als eine Art Zuflucht zu ihrem ureigensten Wesen.

So kann man, ähnlich wie bei der Flämischen Bewegung im Nachbarland, auch hier bereits im frühen 19. Jahrhundert das Erwachen eines neuen Sprachbewusstseins und das Bestreben zur Pflege des im Volk verankerten, trotz aller Überfremdungsversuche von außen intakten und lebendigen Idioms beobachten. Das Letzeburgische erwies sich aufgrund seiner Sprachmelodie und Ausdrucksfähigkeit ebenfalls als literaturfähig. Dies zeigt bereits die Lyrik des Heimatdichters Michel Lentz (*1820, †1893), dem Dichter des 1895 zur luxemburgischen Nationalhymne erhobenen Liedes *Ons Heemecht* («Unsere Heimat», verfasst 1859, vertont 1864). Mit ihm sowie mit seinen Zeitgenossen Edmond de la Fontaine (genannt *Dicks*, *1823, †1891) und Michel Rodange (*1827, †1876) beginnt die eigenständige Literatur *op lëtzebuergesch*. La Fontaine verfasste neben Liedertexten auch volkstümliche Komödien, zudem gab er 1857 eine Sammlung heimischer Sprichwörter heraus und legte 1883 eine Abhandlung über die Luxemburger Sitten und Bräuche vor. Rodange griff 1872 den mittelniederländischen *Reinecke Fuchs*-Stoff auf. Sein Versepos *Renart de Fuus* ist eine harsche Satire auf die luxemburgische Gesellschaft seiner Zeit, wobei er das bereits im Zusammenhang mit dem Eulenspiegel-Roman de Costers erwähnte

Kolorit des ursprünglichen Volkslebens mit einbezieht. Nach dem Vorbild Goethes ist Rodanges Werk in Versen verfasst – allerdings nicht in Hexametern, sondern in gereimten Strophen. Für die Herausbildung der letzeburgischen Schriftsprache war das Werk auch deswegen von Bedeutung, weil der Autor die lokalen Dialekte mit ihren Besonderheiten aufgriff und verarbeitete und damit der Aufsplitterung des Letzeburgischen entgegenwirkte, indem er die gemeinsamen Züge hervorhob.

In der Folge hat es nebeneinander eine literarische Betätigung in allen drei «Landessprachen» gegeben. Zunächst dominierten die deutsch schreibenden Autoren. Unter ihnen ist der bereits erwähnte Batty Weber hervorzuheben, nach dem der gegenwärtig angesehenste luxemburgische Literaturpreis benannt ist. Er schrieb einen der ersten luxemburgischen Romane (*Fenn Kaß. Der Roman eines Erlösten*, 1913), in dem es um die Entwicklung eines jungen Mannes geht, der nach der Klerikerausbildung sich von der Kirche abwendet und – nach München emigriert – nach der Verwirklichung sozialistischer Ideale strebt. Weber, der Jahrzehnte hindurch Chefredakteur der *Luxemburger Zeitung* war, schrieb für diese seit 1913 täglich Glossen über Alltägliches wie Wichtiges, die als *Abreißkalenderblätter* zu den neuerdings wieder aufgelegten Glanzlichtern der luxemburgischen Literatur zählen.

Mehr als Arabeske sollte man vielleicht das Werk des deutsch schreibenden Norbert Jacques (*1880, †1954) erwähnen, der aus der ihm verhassten Enge seiner Heimat ausbrach und nach einem turbulenten, hauptsächlich in Deutschland verbrachten Leben wegen seiner Kollaboration mit den Nationalsozialisten in Luxemburg lange verfemt war. Mit der Erfindung des bösartigen (von Fritz Lang 1922 filmisch umgesetzten) «Dr. Mabuse» hat er zur Entwicklung des deutschsprachigen Abenteuerromans keinen geringen Beitrag geleistet (*Dr. Mabuse, der Spieler*, 1921). Ein weiterer, mit der Münchner Bohême nach dem Ersten Weltkrieg eng verbundener Autor war Alex(ander) Weicker (*1893, †1983), dessen einziger Roman *Fetzen.*

Aus der abenteuerlichen Chronika eines Überflüssigen (1921) alle möglichen Versatzstücke als «Wissensfetzen» aus sämtlichen Lebensbereichen lose aneinanderreiht und mit seiner grotesk-provokativen und teilweise absurden Schreibweise postmoderne Literaturentwürfe vorwegnimmt. Zu erwähnen ist auch die Lyrik deutschsprachiger Autoren wie Paul Henkes (*1898, †1984) oder Albert Hoefler (*1899, †1950), die mit zu den damaligen Symbolisten bzw. Expressionisten zählen.

Die französische Lyrik wird in dieser Zeit durch die Gedichte Paul Palgens (*1883, †1966) bereichert. Der früheste französischsprachige Romancier, Félix Thyes (*1830, †1855), ein Freund des Belgiers de Coster, vollendete kurz vor seinem Tod den Entwicklungsroman *Marc Bruno. Profil d'artiste* (1855). Er sah wohl als erster die Chancen, die sich aus der Dreisprachigkeit seines Landes für die luxemburgische Literatur ergeben könnten, und forderte dazu auf, eine Literaturgeschichte des Großherzogtums zu erstellen. Insgesamt fiel der Ertrag der französischsprachigen Literatur in der Zwischenkriegszeit nicht allzu reichhaltig aus. In der Lyrik ist Marcel Noppeney (*1877, †1967) zu erwähnen, der auch als Essayist sowie als Verfasser historischer Werke hervortrat. Vor allem nach 1945 trat er engagiert für die Förderung des Französischen im Großherzogtum ein, was ihm umso überzeugender gelang, als er während des Krieges wegen seiner Gegnerschaft zum NS-Regime mehrere Jahre im Konzentrationslager Dachau verbracht hatte.

Die Nachkriegszeit und vor allem die Zeit seit den späten 1960er-Jahren ist – ähnlich wie in den Nachbarländern – von der damals vorherrschenden Kritik an den bestehenden Verhältnissen und einer ins Utopische schweifenden Umbruchstimmung geprägt. Dabei spielte nicht zuletzt die Kritik an der Vergangenheit eine wichtige Rolle wie in dem von Roger Manderscheid (*1933) auf Letzeburgisch geschriebenen, an Hugo Claus' *Kummer von Belgien* erinnernden Roman *Schacko Klack* (1988; dt.: *Tschako klack*, 1997) über die Erlebnisse eines kleinen Jungen während der Kriegsjahre, später fortgesetzt durch *De papagei um käschtebam* (1991; dt.: *Der Papagei auf dem Kastanienbaum*, 1999) und *Feier a flam* (1995; dt.: *Der sechste Himmel*, 2006). Bereits 1979 hatte Manderscheid in seinem Sammelband *Leerläufe* die Besinnung der luxemburgischen Autoren auf die dreisprachige Kultur ihres Landes eingefordert. Dabei ging es ihm auch um die Förderung des Selbstbewusstseins jener, die auf Letzeburgisch publizierten, das heißt um das Herausarbeiten einer eigenen Identität in Distanz zum Deutschen wie zum Französischen, ohne die literarische Bedeutung beider leugnen zu wollen. Ähnlich denkt der sowohl mit Romanen wie auch mit Theaterstücken, Kabarettsketchen und Essays hervorgetretene Guy Rewenig (*1947), der allerdings in drei Sprachen schreibt.

In jüngster Zeit hat sich die Literaturszene Luxemburgs dadurch belebt, dass auch französischsprachige Autoren und Autorinnen wieder verstärkt auf den Plan getreten sind. Hinzu kommen Abkömmlinge von Einwanderern, aber auch Luxemburger, die inzwischen im Ausland leben und vorwiegend auf Englisch schreiben. Die Reichhaltigkeit des hierzulande kaum bekannten luxemburgischen Literaturlebens zeigt sich darin, dass das jüngst erschienene *Luxemburger Autorenlexikon* (2007) für die Zeit seit 1815 fast tausend Personen verzeichnet. Darunter finden sich allerdings auch viele, die im Großherzogtum nur zeitweilig gewirkt haben oder als gebürtige Luxemburger ausgewandert sind.

Kunst- und Musikleben eines Landes, die sich meistens in der jeweiligen Hauptstadt konzentrieren, sind in der Regel in kleinen Staaten nur sporadisch anzutreffen. Für die Residenzstadt Luxemburg galt dies lange ebenfalls, aber in den letzten Jahrzehnten hat doch der Reichtum des Landes dazu geführt, dass man hier zunehmend Anschluss an die internationale Szene gefunden hat. So verfügt die Hauptstadt, die 2007 gemeinsam mit Sibiu (Hermannstadt) in Rumänien von der Europäischen Union zur «Kulturhauptstadt Europas» erhoben wurde, inzwischen über einige beachtliche Museen (so das 2006 dem Publikum übergebene *Musée d'Art Moderne*

Grand-Duc Jean, abgek.: *MUDAM*) sowie über einen der größten Konzertbauten des Kontinents, die 2005 eröffnete *Philharmonie Luxemburg* mit maximal tausendfünfhundert Sitzplätzen. Hinzu kommen mehrere Theater, darunter das 1996 eröffnete *Théâtre national du Luxembourg*.

Insgesamt sind die kulturellen Leistungen des Landes, die sich im Wesentlichen auf seine Hauptstadt konzentrieren, also durchaus beachtlich. Dies hängt sicherlich auch mit der europäischen Integration zusammen, die aus der früher eher verschlafenen Residenz einer kleinen Monarchie einen der wichtigen Knotenpunkte unseres Kontinents hat werden lassen, in dem sich die Einflüsse aus den benachbarten Staaten auf fruchtbare Weise durchdringen.

10

WISSENSCHAFT UND BILDUNGSWESEN

Das Niveau des belgischen Bildungswesens ist, gemessen am europäischen Durchschnitt, überaus hoch. Dies zeigen die Ergebnisse der verschiedenen PISA-Studien[11], die in den letzten Jahren im Auftrag der «Organisation für wirtschaftliche Zusammenarbeit und Entwicklung» (engl. Abkürzung OECD) durchgeführt worden sind. Belgien befindet sich hier unter den Staaten Europas – gemeinsam mit Finnland, der Schweiz und den Niederlanden – regelmäßig auf einem der Spitzenplätze, während Deutschland nur eine Position im Mittelfeld einnimmt und Luxemburg sich sogar mit einem der Plätze unter dem Durchschnitt zufrieden geben muss. Die imponierende Stellung Belgiens ist nicht überraschend. Schon in weiter zurückliegenden Zeiten gab es hier hervorragende Bildungseinrichtungen. Zudem ist das gute Abschneiden bei PISA das Resultat eines Schulsystems, das nach wie vor zu hohen Leistungen anreizt. Dies gilt ebenso für die Universitäten und die Forschungseinrichtungen.

Die Tradition des belgischen Bildungswesens reicht lange zurück. Bereits zur Karolingerzeit gab es hier bedeutende Kloster- und Kathedralschulen, die zwar vor allem der Ausbildung des Klerikernachwuchses dienten, in denen aber auch Schüler aus dem Adel, vor allem aber aus den bürgerlichen Kreisen unterrichtet wurden. Im Laufe des späten Mittelalters kamen mit dem Aufblühen des Handelsbürgertums zahlreiche städtische Lateinschulen hinzu. Sie bereiteten ihre Schüler auch auf den Hochschulbesuch vor, das heißt sie vermittelten vor allem Lateinkenntnisse, aber auch mathematische

Fähigkeiten sowie solche in der Astronomie und der Musik – Fertigkeiten, die man für die Aufnahme in die unterste Universitätsfakultät, die der «Freien Künste», benötigte.

Was den alten Niederlanden lange fehlte, war eine Universität. Eigene Hochschulen auszustatten und zu unterhalten, dazu waren die Landesherrschaften vor dem 15. Jahrhundert, also vor der burgundischen Zeit, zu klein, außerdem lagen die Hochschulen in Frankreich, vor allem die Universität Paris (mit die älteste und lange eine der angesehensten in Europa), nahe genug, um Studenten aus den niederländischen Territorien anzuziehen. Nachdem diese Terri-

Die in beiden Weltkriegen zerstörte und wieder aufgebaute Universitätsbibliothek Löwen

torien aber weitgehend in den Besitz der Herzöge von Burgund gekommen waren und man daran ging, daraus ein einheitliches Staatsgebiet zu schmieden, wurde endlich im Jahre 1425 mit päpstlicher Billigung eine eigene «Landes»-Universität mit den damals üblichen Fakultäten (Freie Künste, Jurisprudenz, Medizin und Theologie) ins Leben gerufen. Angesiedelt wurde sie in Löwen, wo die Textilherstellung gerade im Schwinden begriffen war und man sich über die neue Rolle als «Wissenschaftsstadt» überaus freute.

Die neue Universität erreichte rasch europäischen Rang, konnte sich also durchaus mit ihrem eigentlichen Vorbild Paris, aber auch mit Bologna und Padua in Italien sowie mit Oxford und Cambridge in England oder mit Heidelberg und Basel im Reich vergleichen. Löwen avancierte zu Beginn des 16. Jahrhunderts sogar zu einem bedeutenden Zentrum des Humanismus, jener von Italien ausgegangenen Bewegung, die vor allem die «klassischen» griechischen und lateinischen Autoren pflegte und zu Vorbildern erhob. Die Zentren des europäischen «Späthumanismus» im 16. Jahrhundert waren jetzt nicht mehr ausschließlich auf der Apenninenhalbinsel zu finden, sondern vor allem in den Universitäten entlang der Rheinschiene, in Mittel- und Nordfrankreich sowie in England und eben in den südlichen Niederlanden. Löwen war dabei ein Mittelpunkt der Theologie und wurde auch in die durch das Wirken Luthers ausgelösten theologischen Auseinandersetzungen hineingezogen. Dabei stand die Hochschule geschlossen zur alten Kirchenlehre.

In die Streitigkeiten, die sich daraus ergaben, wurde Erasmus von Rotterdam (*1469, †1536), der größte humanistische Gelehrte seiner Zeit, hineingezogen. Einer seiner engsten Freunde, der aus einer geadelten Bürgerfamilie in Arlon stammende Hieronymus Busleiden (*c.1470, †1517), war in Mecheln als Richter am obersten Gerichtshof des niederländischen Territorienkomplexes tätig und vermachte sein beträchtliches Vermögen der Löwener Universität mit der Maßgabe, damit drei Professuren für die biblischen Sprachen Hebräisch, Griechisch und Latein einzurichten. Erasmus übernahm in seinem

Auftrag die Organisation des neuen Dreisprachenkollegs *(Collegium trilingue)*. Er stieß aber auf große Ablehnung: Die Löwener Theologen fürchteten um die reine christliche Lehre, wenn das Alte Testament plötzlich im hebräischen und das Neue im griechischen Urtext gelesen und studiert würde. Sie bezichtigten Erasmus daher so lange als verkappten Anhänger Luthers, bis er 1521 das Handtuch warf und nach Basel ging. Das Kolleg wurde trotzdem eingerichtet und trug in der Folge erheblich zum Ruf der Hochschule bei, ja es stand sogar Pate für eine ähnliche Einrichtung, das *Collège Royal* in Paris, das der französische König Franz I. (*1494, reg. 1515–1547) dort im Jahre 1530 einrichtete (und das in veränderter Form im heutigen *Collège de France* fortlebt).

Ein weiterer Gelehrter von Rang, der zum Ruf der Universität Löwen beitrug, war der aus Brüssel gebürtige Anatom Andreas Vesalius (*1514, †1564). Nach seinem Studium in Paris nahm er zum ersten Mal im Jahre 1536 in Löwen eine öffentliche Sektion vor. Anschließend war er länger in Italien tätig, kehrte dann aber als Leibarzt Kaiser Karls V. zurück. Sein großes Werk *Über den Bau des menschlichen Körpers (De humani corporis fabrica)* mit seinen genauen anatomischen Tafeln, das 1543 in Basel erschien, ist zu einem der Grundbausteine der modernen Medizin geworden.

Die Krise, die ab 1568 der niederländische Aufstand gegen König Philipp II. von Spanien auslöste, brachte auch für das geistige Leben der südniederländischen Provinzen einen schmerzhaften Einbruch. Allerdings war bei der Gründung der Universität Leiden 1575 – sie erfolgte durch die Machthaber der Provinz Holland als Belohnung für die zuvor erfolgreiche Abwehr einer spanischen Belagerung – noch nicht abzusehen, wie diese sich entwickeln würde. Mit der Trennung der Gesamt-Niederlande in zwei politische Einheiten, dem bei Spanien verbleibenden Süden und dem sich von der alten Herrschaft lossagenden republikanischen Norden, fiel den Universitäten Löwen und Leiden aber eine Art geistige Führungsrolle zu. Denn beide verkörperten den scharfen Gegensatz zwischen den Katholiken und den calvinistischen Protestanten. Dem Exodus protestantischer Unternehmer und Kaufleute schlossen sich die meisten Vertreter des geistigen und wissenschaftlichen Lebens an. Längerfristig führte das zum Abstieg der Löwener Universität gegenüber der neuen Hochschule in Leiden, die sich im 17. Jahrhundert zum bedeutendsten Gelehrtenzentrum Europas entwickelte.

Indes konnte Löwen noch eine Weile seine herausragende Stellung wahren. Zwischen 1576 und 1578 sowie – nach einem Intermezzo in Leiden 1578–1594 – zwischen 1594 und 1606 wirkte hier der Philosoph und Staatstheoretiker Justus Lipsius (*1547, †1606). Lipsius war einer der Neuentdecker der antiken Stoa und – nach mehrfachem eigenen Konfessionswechsel – einer der seinerzeit bedeutendsten Verfechter des Prinzips der religiösen Toleranz. Die von ihm propagierte «neustoizistische» Lehre von der Notwendigkeit prinzipientreuen Handelns und strikter Pflichterfüllung gegenüber Gesellschaft und Staat wurde in der jungen Republik der Niederlande zu einer Art Staatsideologie und öffentlich sanktionierten Morallehre. Von hier aus strahlte sie nach Osten aus und sollte vor allem in Brandenburg-Preußen zu geradezu mythischen Ehren gelangen.

Nach den Wirren des Aufstands gegen die spanische Krone kamen die südniederländischen Provinzen ab 1598 wieder zur Ruhe. Dies war vor allem das Verdienst von Philipps II. Tochter Isabella (*1566, †1633) und ihres Mannes Erzherzog Albrecht von Österreich (*1559, †1621), die gemeinsam als Landesherren fungierten. 1609 schlossen sie mit der Republik im Norden einen Waffenstillstand ab, der bis 1621 in Kraft blieb. Sie vollzogen ohne großen inneren Widerstand – wer sich nicht fügen wollte, der wich eben in die nördlichen Niederlande aus – die Rekatholisierung ihres Herrschaftsgebiets. Dieses erhielt so seine bis ins 20. Jahrhundert anhaltende religiöse und geistige Prägung, nicht zuletzt durch die Jesuiten, die nach Kräften mit für den Wiederaufschwung der Universität Löwen sorgten und das intellektuelle Leben im späteren Belgien das ganze 17. und das frühe 18. Jahrhundert hindurch befruchteten. Allerdings zeigten sich späterhin zunehmend Erstarrungstendenzen. Nach der Aufhebung des Jesuitenordens durch den Papst im Jahre 1773 fiel die Löwener Hochschule in die Bedeutungslosigkeit. Nach der Einverleibung «Belgiens» in das französische Staatsgebiet drei Jahre zuvor, wurde sie 1797 ganz aufgelöst, weil die sich antiklerikal gebende *République Française* in ihr – nicht ganz zu Unrecht – einen Hort konservativer und daher republikfeindlicher Gesinnung sah.

Das wissenschaftliche Leben hatte sich bereits lange vorher auch außerhalb ihrer Mauern entfaltet, wenn auch ohne Nachhaltigkeit. Mit dem Wirken des großen Naturforschers Johan Baptista van Helmont (*1577, †1644) erlebte es in den südlichen Niederlanden seinen letzten Höhepunkt. Van Helmont war im Löwener Jesuitenseminar ausgebildet worden und wurde bereits 1599 zum Doktor der Medizin promoviert, verließ dann aber für einige Jahre seine Heimat, um sich in Italien, der Schweiz, Frankreich und England umzusehen. Er praktizierte danach kurz als Arzt in Amsterdam und seit 1606 schließlich in der Nähe seiner Geburtsstadt Brüssel. Nebenher betrieb er Naturforschungen. Als Mediziner war er an den chemischen Reaktionen bei der Verdauung interessiert und bezeichnete sich selbst nach dem griechischen Begriff *iatrós* (= Arzt) als «Iatrochemiker». Aufbauend auf den Lehren des berühmten, wenn auch nicht unumstrittenen deutschen Heilkundlers Paracelsus (†1541) entwickelte er die Lehre von der «Fermentierung». Durch sie entstand das, was er als «Gas» bezeichnete, wobei nicht ganz eindeutig geklärt ist, ob er dieses Wort aufgrund des griechischen Begriffs *cháos* (= «leerer Raum» oder auch «Luftraum») oder – beeinflusst durch Paracelsus – in Anlehnung an das deutsche Verb *gären* geprägt hat. Seine Lehren brachten ihm jedenfalls ein von den Jesuiten angestrengtes Inquisitionsverfahren ein, weshalb er zwischen 1624 und 1642 nicht publizieren durfte. Erst sein Sohn konnte seine zahlreichen Schriften veröffentlichen.

Die Universität Löwen wurde, wie gesagt, 1797 vom französischen Staat aufgehoben. Wilhelm I., König der Vereinten Niederlande gründete sie allerdings im Jahre 1816 neu, und zwar als staatliche Hochschule *(rijksuniversiteit)*. Um das gute Verhältnis zur Kirche zu wahren – die «Katholiken» hatten als wichtige politische Gruppierung schließlich die Unabhängigkeit Belgiens 1830/31 mit herbeigeführt – wurde die inzwischen durch den Bischof von Mecheln an seinem Sitz ins Leben gerufene Katholische Universität 1835 nach Löwen verlegt und die staatliche Hochschule geschlossen. Dafür bestanden die beiden ebenfalls von den Niederländern gegründeten staatlichen Hochschulen in Gent und in Lüttich weiter. Zusätzlich riefen einige prominente Bürger der Hauptstadt 1834 in Brüssel eine eigene Universität ins Leben, die konfessionell unabhängig sein sollte und sich als «Freie Universität» *(Université libre)* bezeichnete. Obwohl in beiden – seit 1930 bzw. seit 1935 – der Unterricht sowohl auf Französisch als auch auf Niederländisch erfolgte, wurden die Hochschule in Löwen wie die Freie Universität Brüssel im Zuge des innerbelgischen Sprachenstreits schließlich in getrennte Einrichtungen aufgeteilt, die in Löwen 1968 und die in der Hauptstadt ein Jahr später.

Hatte Belgien Ende der 1960er-Jahre bereits auf diese Weise die Zahl seiner Universitäten vermehrt, so wurden angesichts des zunehmenden Bedarfs an Studienplätzen in den nächsten Jahrzehnten echte neue Hochschulen geschaffen. Sie entstanden entweder durch Zusammenfassung schon bestehender Institutionen für bestimmte Fächer mit Hochschulrang oder durch Neugründungen. Neue Universitäten wurden in den Hauptorten fast sämtlicher Provinzen etabliert, so in Antwerpen und Hasselt (für Belgisch-Limburg) sowie in Mons (für Hennegau) und in Namur. Gemeinsam mit den auf spezielle Fächer ausgerichteten Lehreinrichtungen verfügt das Land über ein recht dichtes Hochschulnetz. Bemerkenswert ist dabei, dass in dem – freilich nicht ganz unumstrittenen – sog. Shanghai-Hochschulranking der fünfhundert besten Universitäten in der Welt im Jahre 2007 die Universität Gent, die beiden Löwener Universitäten und die *Université Libre de Bruxelles* unter den besten hundertfünfzig rangierten und die Hochschulen in Antwerpen sowie in Lüttich unter denen zwischen dem zweihundertsten und dem dreihundertsten Platz vertreten waren.

Da die Shanghai Liste vor allem auf naturwissenschaftlichen Aktivitäten in den Hochschulen beruht, bei denen besonders viele, oft in recht kurzer Form publizierte Untersuchungen anfallen, wirft diese Rangordnung auch ein Licht auf die naturwissenschaftliche Forschung in Belgien. Sie hat hier traditionell ein hohes Niveau, auch wenn die letzten Nobelpreisverleihungen an belgische Forscher schon eine Weile zurückliegen (1974 für Medizin und 1977 für Chemie).

Die wichtigste Basis eines gut funktionierenden Hochschulwesens bilden die zu ihm hinführenden Schulen. Auch hier hat Belgien viel vorzuweisen. Die Schule beginnt hier im Prinzip bereits im Kleinkindalter von zweieinhalb Jahren (ndl.: *kleuterschool*, frz.: *école maternelle*) und geht bis zum sechsten Lebensjahr. Da diese «Kleinkind-Schule» weitgehend kostenfrei ist, wird sie von mehr als 95 Prozent der Kinder besucht. Die Grundschule (ndl.: *lager onderwijs*, frz.: *enseignement primaire*) geht anschließend bis zum zwölften Lebensjahr und führt hin zur Oberschule (ndl.: *secundair onderwijs*, frz.: *enseignement secondaire*). Im Oberschulwesen gibt es mehrere Zweige, die entweder über das entsprechende Abschlussexamen zum Universitätsstudium bzw. zu technischen Berufen oder in die Lehrlingsausbildung führen. In diese Stufen eingebunden ist die katholische Kirche, und zwar seit dem sog. Schulpakt (ndl.: *schoolpakt*, frz.: *pacte scolaire*) vom Juni 1958, der ein Jahr später zum Gesetz erhoben wurde.

Dieser Pakt war das, was man als einen typisch «belgischen Kompromiss» bezeichnen kann (die Bezeichnung *compromis à la belge* ist inzwischen fast sprichwörtlich, denn ihm folgten noch weitere dieser Art auf anderen Gebieten – bis hin zur Regelung von Verfassungsfragen). Er beendete nämlich den Streit, der schon seit Jahrzehnten zwischen dem katholischen bzw. christlich-sozialen und dem sozialistischen wie dem liberalen Lager um die «Laizität» des Schulsystems schwelte und der sich gewaltsam zu entladen drohte. Im stärker auf die Kirche und die Christlich-Soziale Partei fixierten flämischen Sprachgebiet besuchten nämlich rund drei Viertel der Schulkinder kirchliche Schulen, während in Brüssel und in Wallonien mehr als die Hälfte in staatliche Schulen gingen. Der Kompromiss sah vor, dass jetzt auch mehr staatliche Schulen im flämischen Sprachbereich zugelassen wurden, dass dafür aber die Gehälter der Lehrkräfte gleich hoch sein und vom Staat ausgezahlt werden sollten. Zudem wurden die Lehrpläne angeglichen und später der Religionsunterricht auch für Muslime eingeführt, dazu «Ethik»-Unterricht für konfessionslose Schüler. Ebenso einigte man sich auf eine gleichmäßige Verteilung der Baulasten. Dem Schulwesen hat das nicht unbedingt geschadet, sondern es hat für eine gewisse Vielfalt gesorgt, die der Qualität der Lehrerausbildung wie des Unterrichts zugute kam.

Insgesamt ist das belgische Schulsystem also recht flexibel, zugleich aber für diejenigen, die zum Studium streben, recht anspruchsvoll. Denn man muss sich während der Schulzeit drei moderne Fremdsprachen (eine der beiden großen Landessprachen, dazu Englisch und Deutsch) aneignen, und nicht selten kommt wenigstens eine der klassischen alten Sprachen hinzu. Mit über 40 Prozent Abiturienten ist die schulische «Erfolgsbilanz» höher als in Deutschland. Ein großer Nachteil ist allerdings die sprachliche Abschottung zwischen den Flamen und den Frankophonen, die dazu führt, dass Flamen das Französische und Wallonen das Niederländische als fremde Sprachen lernen und sich dadurch weiterhin wechselseitig als «fremd» empfinden. Der Weg zur zweisprachigen Schule, sei es in bestimmten Fächern, sei es für einzelne Schuljahre für den gesamten Unterricht müsste noch beschritten werden, um die von der älteren Generation geschaffene Kluft zwischen den beiden größeren Landesteilen schließen zu können. Ein wenig anders sieht es im kleinen deutschen Sprachgebiet aus, wo man sich auf die Erlernung des

Niederländischen wie des Französischen eher einlässt und versucht, beide wirklich zu beherrschen.

Das Schulsystem im Großherzogtum Luxemburg ist in mancher Beziehung dem in Belgien, aber auch dem in Deutschland ähnlich. Es kennt ebenso die Früherziehung im Kindergarten wie die sechsjährige Grundschule und die darauf aufbauenden Oberschulen *(lycées)*: die mit «technischen» Lehrinhalten *(enseignement secondaire technique)* und die «gymnasialen» *(enseignement secondaire)*. Im technisch orientierten Oberschulwesen gibt es so etwas wie einen Hauptschulzweig, der zu den verschiedenen Berufsschulen führt, dazu einen sechsjährigen technischen Zweig *(lycée technique général)*. Darüber hinaus bestehen «gymnasiale» Schulen *(lycées classiques)*. Die technische Schulausbildung schließt nach sechs Jahren mit einem entsprechenden Diplom *(diplôme de technicien)* der Fachhochschulreife ab, das unserem Realschulabschluss entspricht. Der gymnasiale Abschluss erfolgt nach sieben Jahren. Er gleicht unserem Abitur (das entsprechende Zeugnis heißt *diplôme de fin d'études secondaires*) und berechtigt zum Universitätsstudium.

Dass die luxemburgischen Schulen in den PISA-Studien unterdurchschnittlich abgeschnitten haben, ist vor allem auf den hohen Ausländeranteil im Land und an die sprachlichen Anforderungen (Deutsch *und* Französisch als Schulsprachen, dazu Beherrschung des Letzeburgischen) zurückzuführen. Den Sprung auf das «Gymnasium» schaffen jährlich rund 80 Prozent der Einheimischen, aber nur knapp ein Fünftel der ausländischen Kinder (was verglichen mit den deutschen Verhältnissen allerdings relativ hoch ist). Auf das technische Lyzeum gelangen rund 60 Prozent der luxemburgischen, aber nur 40 Prozent der ausländischen Kinder. Letztere haben weniger Probleme mit dem Französischen (der hohe Anteil der gleichfalls eine romanische Sprache sprechenden Portugiesen schlägt hier durch), dafür aber mit dem für «Romanen» recht schwierigen Deutschen. Wirksame Lösungen, diese unterschiedliche Entwicklung zu beenden oder gar umzukehren, sind bisher noch nicht gefunden worden. So beginnen wesentlich mehr Kinder aus deutsch-, niederländisch- oder englischsprechenden Haushalten ein Universitätsstudium als die aus anderen Familien.

Als kleines Land, das von Staaten mit einem reichen Universitätsleben umgeben war und ist, hat das Großherzogtum lange auf eine eigene Hochschule verzichtet. Junge Luxemburger gingen jeweils nach dem Fach, das sie studieren wollten, entweder ins frankophone Belgien oder nach Frankreich bzw. ins deutschsprachige Gebiet, also auch nach Österreich oder in die Schweiz. Dies galt und gilt zum Teil noch immer vor allem für die technischen und naturwissenschaftlichen Fächer. Dem entsprechend wurden und werden die einzelnen Schulfächer je nach den für die künftigen Lehrer vorgesehenen Studienorten im Großherzogtum entweder auf Deutsch oder auf Französisch unterrichtet.

Schließlich entschloss man sich aber im Jahre 2003 doch, in der Hauptstadt eine eigene Universität ins Leben zu rufen. Dies geschah zum einen mit dem Ziel, mehr junge Leute des Abiturientennachwuchses im Land zu halten; hierbei zog man auch die hohen Kosten eines Studienaufenthalts im Ausland in Betracht. Außerdem aber wollte man Studierende aus den Nachbarländern anziehen, um den zunehmenden Bedarf an Arbeitskräften in der Forschung und im Dienstleistungsbereich zu decken. Die späte Gründung der Universität Luxemburg erlaubte es, die Studiengänge sofort auf den sog. Bologna-Prozess hin auszurichten, der alle Staaten der Europäischen Union dazu verpflichtet, für sämtliche Fächer einheitliche Studienabläufe mit gleichen Abschlüssen einzurichten, dem sog. *Bachelor* und dem sich gegebenenfalls anschließenden *Master* (und gegebenenfalls mit der zusätzlichen Möglichkeit zur Doktorpromotion). Der Fächerkanon an der neuen Universität Luxemburg ist allerdings vorläufig noch beschränkt: Angeboten (und als ausbaubedürftig betrachtet) werden die Naturwissenschaften und Ingenieurstudiengänge, vor allem im Informatikbereich. Ferner bestehen Studienmöglichkeiten für angehende Juristen sowie für die Wirtschaftswissenschaften und die Finanzwissenschaft. Hinzu kommt ein breiterer Kanon von geistes- und sozialwissenschaftlichen Fächern. Die neue Hochschule zählt vorerst noch nicht einmal 5000 Studierende, ist aber in stetigem Wachstum begriffen. Die Entwicklung zu einer «Massenuniversität», wie wir sie etwa in Deutschland oder in Frankreich kennen, dürfte aber kaum zu erwarten sein.

11

BELGISCHE UND LUXEMBURGISCHE GESTALTEN IN VERGANGENHEIT UND GEGENWART

Länder werden nicht zuletzt an den «historischen Persönlichkeiten» gemessen, die sie hervorgebracht haben. Ihr Wirken im kulturellen, gesellschaftlich-wirtschaftlichen und politischen Bereich, ihre entsprechende Ausstrahlung über die jeweiligen Landesgrenzen hinaus bestimmen das Renommee ihrer Heimat erheblich mit. Allerdings schwingt bei der Aufzählung solcher Gestalten immer ein Stück Nationalstolz oder gar Nationalismus mit. Es ist eigentlich kaum möglich, sich auf Persönlichkeiten zu berufen, die für die eigene Geschichte wichtig gewesen sind, wenn sie vor der eigentlichen Staatsgründung gelebt haben. Trotzdem werden sie gerne für die eigene Nation in Anspruch genommen. Kleinere Länder haben es dabei eher schwer, es sei denn, sie liegen an Schnittstellen verschiedener Kulturbereiche und haben die entsprechenden Einflüsse fruchtbar verarbeitet, wie das bei Belgien und Luxemburg der Fall ist.

Im Folgenden soll weniger auf die Persönlichkeiten eingegangen werden, die vor dem 19. Jahrhundert gelebt haben, sondern vor allem auf solche aus den letzten beiden Jahrhunderten und der Gegenwart. Ein Problem dabei ist, dass die meisten Belgier und Luxemburger aufgrund ihrer Namen eher für Franzosen, Niederländer oder gar Deutsche gehalten werden. Erst beim näheren Hinsehen wird man also der Bedeutung beider Länder sowohl für die politische Entwicklung als auch für die Kulturgeschichte West- und Mitteleuropas gewahr.

Schweifen wir kurz in die fernere Vergangenheit zurück, so sind zwei Herrschergestalten aus unseren beiden Ländern zu nennen, die prägende Persönlichkeiten für die deutsche wie für die europäische Geschichte waren: die Kaiser Karl IV. (*1316, †1378) und Karl V. (*1500, †1558). Karl IV. wurde zwar in Prag geboren, entstammte aber dem Haus der Grafen von Luxemburg (und erhob, wie bereits erwähnt, das Stammland seiner Familie 1354 zum Herzogtum). Da er ab 1347 König von Böhmen war (sein Vater hatte in die böhmische Königsfamilie eingeheiratet), denkt man bei ihm kaum an seine luxemburgischen Ursprünge, obwohl er das Herzogtum im Westen stets im Auge behielt. Auf ihn geht die sog. Goldene Bulle von 1356 zurück, in der die Wahl des deutschen Königs durch die Kurfürsten geregelt wurde (sie war ab 1519 zugleich die des Römisch-Deutschen Kaisers). Diese Regelung ist das erste und vielleicht wichtigste «Grundgesetz» der Verfassung des alten Reiches bis 1806 gewesen und hat viel zur Verrechtlichung der Königs- bzw. Kaisererhebung und damit zu ihrem in der Regel friedlichen Verlauf beigetragen.

War Karl IV. nur der Abstammung nach ein «Luxemburger», so lässt sich Karl V. schon eher als «Belgier» bezeichnen, denn er wurde am 24. Februar des Jahres 1500 in Gent geboren. Er fühlte sich zeitlebens als «Niederländer» (im alten Sinne), obwohl er bereits 1516 das Königreich Spanien erbte und 1519 zum Kaiser gewählt wurde. Wegen seiner vielfältigen Herrscheraufgaben war er relativ selten in seinen Stammlanden (die er nach Norden hin bis nach Friesland ausdehnte), aber er gab ihnen durch die Neuorganisation des Verwaltungswesens den inneren Zusammenhalt, der aus den verschiedenen Territorien (den sog. Siebzehn Provinzen) so etwas wie ein Staatsgefüge werden ließ. Dass dieses nach jahrzehntelangen Kämpfen mit seinem Sohn Philipp II. von Spanien in zwei Teile auseinanderfiel, die politisch getrennte Wege gingen, hätte er möglicherweise verhindern können.

Für die südlichen Niederlande war anschließend das Erzherzogpaar Isabella von Spanien und Albrecht von Österreich von eminenter Bedeutung, da beide 1598 dem Land den inneren Frieden zurückbrachten und die bereits geschilderte Kulturblüte des frühen 17. Jahrhunderts einleiteten. Im belgischen Geschichtsbewusstsein (nicht so sehr im luxemburgischen) spielen sie eine sehr wichtige Rolle, zumal – da sie kinderlos blieben – die südlichen Niederlande nach ihrem Tod wieder unter die direkte spanische Herrschaft gerieten und in die Auseinandersetzungen um den Dreißigjährigen Krieg hineingezogen wurden.

Eine ähnlich positive Erinnerung besteht an die berühmte Maria Theresia (*1717, †1780), Erzherzogin von Österreich, seit 1740 Königin von Böhmen und Ungarn und «Kaiserin» nach der Wahl ihres Mannes Franz von Lothringen zum Kaiser (Franz I., *1708, †1765) im Jahre 1745. Nicht nur in den im engeren Sinn habsburgischen Gebieten, sondern auch in den Österreichischen Niederlanden genoss sie den Ruf einer klugen und zugleich durchsetzungsfähigen «Landesmutter», die hier – konform mit den Rechtsbräuchen der verschiedenen Provinzen – daran ging, Reformen für die notwendige Modernisierung des Landes einzuleiten. In weniger guter Erinnerung ist dagegen ihr Sohn Kaiser Joseph II. (*1741, †1790) geblieben, dessen rücksichtsloser Reformeifer Ende 1789 zur Brabantischen Revolution führte.

Tauchen wir in die eigentliche belgische Geschichte ein, so ist zunächst König Leopold I. (*1790, †1865) zu nennen. Er entstammte dem Haus der Herzöge von Sachsen-Coburg-Gotha. Nachdem er es im russischen Militärdienst zum General gebracht hatte, war er nach England gegangen, wo er 1816 in das britische Königshaus einheiratete, allerdings bereits nach einem Jahr Witwer wurde. Er war der erste unter mehreren Angehörigen der Coburger Dynastie, die von den europäischen Großmächten dort als neue Herrscher eingesetzt wurden, wo man solche benötigte und zugleich der Machtzuwachs dieses kleinen Hauses das Gleichgewicht in Europa nicht störte. Dies war 1837 in Portugal und 1887 in Bulgarien der Fall. Bereits Anfang 1830 hatte Leopold die Krone von Griechenland, das sich gerade von der osmanischen Herrschaft befreit hatte, ausgeschlagen. Im Frühjahr 1831 nahm er aber das Angebot des belgischen Nationalkongresses, «König der Belgier» zu werden, an und am 4. Juni wählte ihn die belgische Volksvertretung zum König. Der Titel beinhaltete im Übrigen ein politisches Programm, wie es Frankreich bereits im August 1830 gesehen hatte, als Prinz Louis Philippe von Orléans den Titel *Roi des Français* annahm (im Gegensatz zu seinem bourbonischen Vorgänger, der sich noch in herkömmlicher Weise als *Roi de France* bezeichnete). Der Titel unterstrich, dass das Staatsoberhaupt seine Würde aufgrund der Verfassung erhalten habe, so dass er jetzt König eines Volkes und nicht mehr – wie Monarchen es früher beansprucht hatten und zum großen Teil noch beanspruchten – der eines ihm untergebenen Landes war. Der Tag, an dem Leopold I. schwor, der belgischen Verfassung die Treue zu halten, der 21. Juli 1831, ist bis heute der Nationalfeiertag Belgiens.

Leopolds I. Königtum war zugleich eine Verlegenheits- und eine Ideallösung: Verlegenheitslösung zunächst deswegen, weil im Nationalkongress bereits im Februar 1831 eine Abstimmung über drei andere europäische Prinzen als künftige Könige erfolgt war, von denen keiner die absolute Mehrheit erreicht hatte. Die meisten Stimmen hatte damals ein Sohn des neuen französischen Königs Louis Philippe erhalten, gefolgt von einem Stiefenkel Napoleons und dem Bruder des Kaisers Franz von Österreich, Erzherzog Karl. Alle drei kamen aus naheliegenden Gründen nicht für die neue Königswürde in Frage: ein Abkömmling Napoleons schon gar nicht und Prinzen aus den regierenden Häusern der Großmächte Frankreich und Österreich ebenso wenig. Das neue Belgien war aus einer Revolution hervorgegangen, die sich gegen die legitime Herrschaft einer angestammten Dynastie gerichtet hatte. Die Anerkennung eines solchen Staates bereitete den Diplomaten der fünf europäischen Großmächte schon genug Kopfzerbrechen. Leopold jedoch war zwar mit dem britischen Königshaus verwandt, dies aber nur weitläufig. Zugleich war das Haus, aus dem er kam, politisch unbedeutend.

Trotz alledem erwies sich der neue König für Belgien als Ideallösung. Denn Leopold, der zum katholischen Bekenntnis übertrat und 1832 eine Tochter des französischen Königs heiratete, begründete nicht nur die bis heute regierende Dynastie, sondern beachtete vor allem gewissenhaft die von ihm zu Beginn seiner Regierung beschworene Verfassung. Er machte so die parlamentarische Monarchie – die anders als die in Frankreich 1848 nicht durch eine Revolution gestürzt wurde – auf dem europäischen Kontinent gewissermaßen hoffähig, so dass diese Staatsform schließlich auch von weniger progressiv denkenden Monarchisten als zeitgemäß angesehen wurde.

Anschließend hat Belgien mit seinen Monarchen nicht so viel Glück gehabt; jedenfalls erreichten sie nicht alle die Achtung und Popularität Leopolds I. Die einzige Ausnahme war Albert I. (*1875, †1934), der 1909 den Thron von seinem Onkel Leopold II. (*1835) übernahm. Dieser hatte sich vor allem durch den Erwerb der Kongo-Kolonie, die er persönlich regierte, und durch die schlimme Behandlung der Bevölkerung dort international keinen guten Namen gemacht. Während des Ersten Weltkriegs wurde sein Neffe Albert zu einer Vater- und Heldenfigur («König-Soldat»), da er nach dem Bruch der belgischen Neutralität durch das Deutsche Reich die belgischen Truppen bis an die Iser zurückführte. Während der Regierungssitz in die Gegend von Le Havre verlegt wurde, blieb er an der Front bei seinen Soldaten. Nach dem Krieg bewies er bei den Friedensverhandlungen in Versailles Weitsicht, indem er von einer allzu großen Demütigung des deutschen Kriegsgegners abriet. In der Zwischenkriegszeit setzte er sich für den Ausbau der Infrastruktur ein (der Albert-Kanal zwischen Antwerpen und Lüttich geht mit auf seine Initiative zurück) und kümmerte sich vor allem um die Förderung der Wissenschaften. 1928 rief er eine Nationalstiftung zu deren Förderung ins Leben *(Fonds national de la recherche scientifique/Nationaal Fonds voor Wetenschappelijk Onderzoek)* und gewann für ihre Finanzierung führende Bankhäuser. Darüber hinaus engagierte er sich für den Ausbau des Museumswesens. Für die innere Entwicklung

Belgiens war außerdem wichtig, dass er sich für die Beilegung des Sprachenstreits einsetzte (bei seiner Inthronisation hatte er als erster König den Throneid auf Französisch *und* auf Niederländisch abgelegt) und in diesem Zusammenhang für die Niederlandisierung der Universität Gent eintrat. Es kam daher für Belgien einer Katastrophe gleich, dass er im Februar 1934 beim Bergsteigen ums Leben kam. Ob er die Krisen, die seinem Land noch bevorstanden, hätte meistern können, ist allerdings ungewiss.

Unter den Politikern, von denen die Geschicke Belgiens bis zum Ersten Weltkrieg gelenkt wurden, sind vor allem zu nennen: die Liberalen Charles Rogier (*1800, †1885) und Hubert Frère-Orban (*1812, †1896) sowie die «Klerikalen» Barthélemy Theux de Meylandt (*1794, †1874) und Jean-Baptiste de Nothomb (*1805, †1881), die beide zu den Befürwortern der Zusammenarbeit mit den Liberalen, den sog. Unionisten, zählten; dazu die späterhin entschlossener für kirchliche Belange eintretenden Jules Malou (*1810, †1886) und Paul Smet de Naeyer, Letzterer Ministerpräsident zwischen 1899 und 1907. Sie verkörpern gewissermaßen die beiden klassischen politischen Lager Belgiens, die Liberalen und die Katholiken, die sich nach dem Scheitern des Unionismus 1846 in der Regierung abwechselten.

Rogier, der lange Zeit führende liberale Politiker, wurde bereits kurz nach der Revolution als noch recht junger Mann zwischen September 1830 und Februar 1831 Regierungschef und nahm diesen Posten danach noch dreimal ein: 1832–1834, 1847–1852 und 1857–1867. Er leitete mehrere Ministerien, darunter das für Innere Angelegenheiten und für Öffentliche Arbeiten, das den Ausbau des Eisenbahnwesens forcierte. Dass die Revolutionswelle von 1848 Belgien nicht erfasste, obwohl zahlreiche Flüchtlinge aus den Nachbarländern hier in diesem Sinne agierten, war ihm ebenso zu verdanken wie die Abwehr der Bestrebungen Frankreichs zu Beginn der Herrschaft Napoleons III., sich Belgien wieder einzuverleiben. Ebenso vorsichtig steuerte er das Land durch die Krise in der zweiten Hälfte der 1860er-Jahre, als die Unabhängigkeit des Landes angesichts der Querelen zwischen den beiden deutschen Großmächten sowie anschließend um Luxemburg wiederum auf dem Spiel stand.

Jünger als er, aber schon früh enger Mitarbeiter war Hubert Frère-Orban, der 1868–1870 und 1878–1884 die Regierungsgeschäfte leitete. Ihm gelang es, angesichts des deutsch-französischen Krieges die Neutralität Belgiens zu wahren. Beide liberalen Politiker waren auch um eine Lösung des ersten großen Schulstreits mit der Kirche in den 1880er-Jahren bemüht, wobei es vor allem um die staatliche Kontrolle des Grundschulwesens ging. Frère-Orban stürzte vor allem wegen seiner intransigenten Einstellung gegen eine Erweiterung des Wahlrechts, die 1884 seine politische Karriere beendete. Da die Sozialisten seit der Jahrhundertwende den Liberalen immer mehr Stimmen wegnahmen, waren in den letzten drei Jahrzehnten vor 1914 durchweg klerikale Politiker an der Regierung. Der häufige Wechsel zwischen den beiden Lagern, der auf Wahlniederlagen der jeweils Regierenden zurückzuführen war, zeigt aber, wie gut sich das parlamentarische System im Belgien des 19. Jahrhunderts eingespielt hatte.

Unter den großen Belgiern finden sich neben den Persönlichkeiten des geistigen und kulturellen Lebens, von denen bereits die Rede war, vor allem Politiker. Unter diesen sind die beiden Friedensnobelpreisträger hervorzuheben, einmal Auguste Beernaert (*1829, †1912), der mit dem Nobelpreis im Jahre 1909 ausgezeichnet wurde, zum anderen Henri Marie La Fontaine (*1854, †1943), der ihn 1913 erhielt. Beernaert gehörte zur Katholischen Partei; er war zwischen 1884 und 1894 belgischer Ministerpräsident und in dieser Zeit unter anderem für die Einführung des allgemeinen Wahlrechts zuständig. Nachdem er die Kolonialpolitik König Leopolds II. im Kongo zeitweise unterstützt hatte, zog er sich schließlich wegen der sich mehrenden Ausschreitungen gegen die schwarze Bevölkerung dort aus der Regierungsarbeit zurück. Er vertrat sein Land anschließend 1899 und 1907 auf den beiden Internationalen Friedenskonferenzen in Den Haag und wirkte zwischen diesen Konferenzen zeitweilig als Präsident der Internationalen Parlamentarischen Union, einer 1889 mit dem Ziel der Friedenssicherung ins Leben gerufenen Vertretung der verschiedenen Parlamente, vor allem in Europa. Verdient machte Beernaert sich unter anderem durch seine Initiativen zur Internationalisierung des Seerechts, geradezu prophetisch war seine Warnung vor den Folgen eines künftigen Luftkriegs, den er kurz vor seinem Tod vorschlug zu verbieten.

Der Sozialist La Fontaine, der lange Jahre dem belgischen Senat angehörte, war Professor für Völkerrecht an der Freien Universität Brüssel und einer der Initiatoren zur Gründung des Internationalen Ständigen Friedensbüros im Jahre 1891, dessen Vorsitzender er 1907 wurde. La Fontaine war einer der aktivsten Mitarbeiter der Friedensbewegung vor dem Ersten Weltkrieg, und in der Nachkriegszeit als Mitglied der belgischen Abordnung im Völkerbund tätig. Zudem nahm er an fast sämtlichen internationalen Konferenzen der Zwischenkriegszeit teil, bei denen sein Expertenrat gefragt war, vor allem bei Schiedssprüchen.

Angesichts der 1914 sich fast automatisch in Gang setzenden Kriegsmaschinerie kann man Männer wie ihn und Beernaert als Träumer bezeichnen. Andererseits imponieren ihre Friedensvisionen uns heute, nachdem das Kriegsgrauen Europa zweimal so schlimm heimgesucht hat. Träume für eine bessere Welt hatten im Übrigen auch zwei wichtige sozialistische Politiker in Belgien während des Ersten Weltkriegs und in der Zwischenkriegszeit, nämlich Émile Vandervelde (*1866, †1938) und Hendrik de Man (*1885, †1953). Vandervelde fungierte unter anderem 1917/18 als Kriegs- und 1925–1927 als Außenminister, also in der Phase der politischen Entspannung zwischen Deutschland und Frankreich, an der Belgien nicht unbeteiligt war. Während der Weltwirtschaftskrise trat er als nach wie vor überzeugter Sozialist für eine Revision des Marxismus sowjetischer Machart ein und für die Versöhnung zwischen Sozialismus und liberaler Demokratie. Das Programm seines Buches *L'alternative: Capitalisme d'État ou socialisme démocratique* (1933) ist nicht zu Unrecht mit dem New Deal des US-Präsidenten Franklin D. Roosevelt verglichen worden. De Man, von Haus aus Wirtschaftswissenschaftler (und als solcher zwischen 1929 und 1933 Professor an der Universität Frankfurt a. M.) versuchte gleichfalls, den Sozialismus von seinen marxistischen Grundlagen zu lösen und vertrat während der Weltwirtschaftskrise eine Art Staatskapitalismus (*Plan van de arbeid*, 1934). Vor dem Zweiten Weltkrieg zunächst Arbeits-, dann Finanzminister, löste er 1940 die belgische Sozialistische Partei auf – deren Vorsitz er seit 1939 innehatte – und kooperierte kurzfristig mit den Nationalsozialisten, indem er im November 1940 eine Einheitsgewerkschaft, die «Union der Hand- und Geistesarbeiter» ins Leben rief (ndl.: *Unie van de hand- en geestarbeiders*, frz.: *Union des travailleurs manuels et intellectuels*). 1942 floh er in die Schweiz, 1945 wurde er wegen Kollaboration mit den Nazis in Belgien gerichtlich verurteilt. Im Exil arbeitete er weiter an einer Theorie des erneuerten Sozialismus, ohne dabei auf größeren Widerhall zu stoßen.

Die historische Größe von lebenden Zeitgenossen ist nur schwer einzuschätzen. Deswegen sei dieser Kurzüberblick über bedeutende, in ihrem Wirken bisweilen umstrittene Politiker Belgiens mit einer Persönlichkeit abgeschlossen, deren Verdienste sicherlich außer Frage stehen: Paul Henri Spaak (*1899, † 1972), seines Zeichens Jurist, machte als Abgeordneter der Sozialistischen Partei früh Karriere und wurde bereits 1935 Verkehrs- und Postminister und 1938 Regierungschef. Als Außenminister der belgischen Exilregierung in London während des Zweiten Weltkriegs war er einer der Väter des Gedankens, sein Land mit den Niederlanden und Luxemburg in einer Zollunion zusammenzufassen. Da er 1940 König Leopold III. vergeblich geraten hatte, sich gleichfalls ins Exil zu begeben, war er – der 1946 und dann zwischen 1947 und 1949 das Amt des Regierungschefs innehatte – 1950 im Streit um die bereits erwähnte Königsfrage einer der erbittertsten Gegner der Rückkehr des Monarchen. Als Außenminister zwischen 1954 und 1957 sowie zwischen 1961 und 1966 war er einer der Architekten der Europäischen Wirtschaftsgemeinschaft, die durch die Römischen Verträge Ende März 1957 auf den Weg gebracht wurde. Zwischen 1957 und 1961 amtierte er als NATO-Generalsekretär und war maßgeblich beteiligt an der Verlagerung der Zentrale des Nordatlantikpaktes von Paris nach Brüssel, nachdem der französische Staatspräsident de Gaulle 1962 den Austritt seines Landes aus der militärischen Integration der NATO-Streitkräfte verkündet hatte. Im Ausland hoch geehrt, unter anderem durch die Verleihung des Karlspreises der Stadt Aachen im Jahre 1957, in Belgien selbst wegen seiner Befürwortung einer Föderalisierung des Landes jedoch nicht unumstritten, zog sich Spaak 1966 aus der Politik zurück.

Auf eine 2005 in Belgien durchgeführte Umfrage hin, wen man für den berühmtesten Belgier halte, ist allerdings auf den ersten zehn Plätzen kein einziger Politiker gelandet, dafür aber auf dem dritten Platz der Radrennfahrer Eddie Merckx (*1945), der unter anderem zwischen 1969 und 1974 fünfmal die *Tour de France* gewann und damit zum populärsten belgischen Sportler aller Zeiten avancierte (als solcher wurde er 1996 vom König in den Adelsstand erhoben). Zu den größten Berühmtheiten zählt man in Belgien außerdem neben den hier bereits erwähnten Andreas Vesalius, Jacques Brel, Peter Paul Rubens und Hendrik Conscience den an erster Stelle genannten Missionar Père Damien († 1889), der sich auf Hawai bei der Pflege Leprakranker aufrieb und 2008 von Papst Benedikt XVI. heiliggesprochen wurde, ferner auf Platz Zwei den Chemiker Paul Janssen († 2003), der als Pharmaunternehmer unter anderem Mittel zur Schmerztherapie sowie für die Narkose entwickelte, sowie an vierter Stelle den Belgen Ambiorix, der als einer der wenigen Gallierfürsten Caesar eine Weile erfolgreichen Widerstand zu leisten vermochte. An fünfter Stelle platzierte man den Arbeiterpriester und christlich-sozialen Politiker Adolf Daens († 1907). Hinzu kam noch auf dem achten Platz der berühmte Kartograph Gerardus Mercator (eigentlich Gerhard Kremer, *1512, † 1594), der freilich in der zweiten Hälfte seines Lebens in Duisburg wirkte.

Eddie Merckx auf der Tour de France, 1972

Es gibt allerdings signifikante Unterschiede zu Umfragen, die speziell die wallonische Sicht über die belgischen Größen widerspiegeln. Bei der ebenfalls 2005 durchgeführten Umfrage eines französischsprachigen Senders landeten der Chansonnier Jacques Brel auf dem ersten Platz und der 1993 verstorbene König Baudouin auf dem zweiten. Bezeichnend war diese Rangfolge deswegen, weil Brel hauptsächlich in Frankreich gewirkt hatte (ebenso wie die ebenfalls unter den ersten zehn genannten René Magritte und Georges Simenon) und der frühere Landesvater immer auch für die Interessen der Wallonen eingetreten war. Auf den Platz nach Eddie Merckx auf Rang vier kam die damals noch lebende Schwester Emmanuelle (*1908, †2008), die sich durch ihren karitativen Einsatz im Vorderen Orient, vor allem in Ägypten, verdient gemacht hatte. Andere genannte Persönlichkeiten kamen aus dem kulturellen Leben, wie der Comic-Zeichner Hergé, der Opernsänger José van Dam (*1940) und der Schauspieler Benoît Poelvoorde (*1964).

Spiegelt diese Auswahl nicht viel besser als alles andere den Stolz der Belgier auf die große kulturelle Vergangenheit ihres Landes wider, dazu die Achtung für Persönlchkeiten der Kirche, die sich für andere aufgeopfert haben? Zugleich wird aber auch eine gewisse Verachtung für die Politik deutlich, die damit für die verfahrene Lage zwischen den Sprachgruppen verantwortlich gemacht wird.

Wer sind nun die großen Luxemburger? Auch hier sollte man nicht bis zu den Kaisern des Mittelalters zurückgehen, obwohl der in Dantes Schrift *De monarchia* ins Zentrum der Lobpreisung des Kaisertums gehobene Heinrich VII. (*1274, †1313, deutscher König seit 1308) sicherlich Erwähnung verdiente, ebenso wie sein Enkel Karl IV. (*1316, †1378, König seit 1346), der Schöpfer der «Goldenen Bulle», von dem schon die Rede war. Unter den Staatsoberhäuptern des Großherzogtums ragt aber eine Frau hervor, die für das Land überhaupt die Monarchie rettete, nämlich die Großherzogin Charlotte (*1896, †1985). Sie gelangte, wie bereits geschildert, 1919 als junge Frau auf den Thron, den ihre Schwester Marie Adelaide aus politischer Unklugheit beinahe verspielt hätte. Und sie dankte 1964 ab zugunsten ihres Sohnes Jean (*1921, †2000), in der richtigen Erkenntnis, dass ein noch junger, aber bereits lebenserfahrener Herrscher dem Land besser bekommen würde als die Fortdauer ihrer eigenen Regierung. Zu diesem Zeitpunkt war die inzwischen bewährte – und sich weiterhin bewährende – Staatsform der parlamentarischen Monarchie endgültig etabliert.

Ansonsten haben sich mehrere luxemburgische Politiker nach dem Zweiten Weltkrieg dadurch verdient gemacht, dass sie den europäischen Einigungsprozess mit voranbrachten – sicherlich auch aus der ureigensten Interessenlage ihres Landes, das von diesem Prozess selbst mit am meisten profitiert hat. Dabei ist es relativ wenig bekannt, dass der französische Außenminister zwischen 1948 und 1953 und einer der Väter der europäischen Integration, Robert Schuman (*1886, †1963), gebürtiger Luxemburger und seine Muttersprache das Letzeburgische war. Sein Amtskollege Josef Bech

Gaston Thorn als luxemburgischer Premierminister, 1975

(*1887, †1975), luxemburgischer Außenminister mit mehr als dreißigjähriger Amtszeit (1926–1958) förderte jedoch im Namen *seines* Landes die europäische Einigungsidee und wurde dafür 1960 mit dem Aachener Karlspreis ausgezeichnet. Pierre Werner (*1913, †2002), Regierungschef 1959–1974 sowie zwischen 1979 und 1984, legte als Finanzexperte 1970 einen Plan zur stufenweisen Realisierung einer Wirtschafts- und Währungsunion der damaligen Europäischen Gemeinschaft (den sog. Werner-Plan) vor, der dann auch umgesetzt wurde und 2002 mit der Einführung der Gemeinschaftswährung des «Euro» in einem großen Teil der Europäischen Union gipfelte.

Eine wichtige «europäische Rolle» haben seit den 1980er-Jahren weitere luxemburgische Politiker gespielt. Einmal ist der Liberale Gaston Thorn (*1928, †2007) zu nennen, der zwischen 1974 und 1979 als Regierungschef amtierte. Von 1981 bis 1985 leitete er die Kommission der (damals noch so genannten) Europäischen Gemeinschaft und stärkte deren Einfluss gegenüber dem Ministerrat wie dem Europäischen Parlament. In seine Amtszeit fallen der Beitritt Griechenlands sowie die Vorbereitung der Aufnahme Spaniens und Portugals in die EG.

Weniger glücklich verlief die Amtszeit von Jacques Santer (*1937), der von 1984 an die Regierung seines Landes leitete und 1995 Kommissionspräsident der Europäischen Union wurde: 1999 musste er kurz vor Ablauf seiner Amtszeit von diesem Posten mitsamt dem Gremium zurücktreten, weil ein französisches Kommissionsmitglied in einen Korruptionsskandal verwickelt war. Gegenwärtig steht der seit 1995 amtierende Premierminister Jean-Claude Juncker (*1954) in der EU in hohem Ansehen. Er gilt als heißer Kandidat für das künftige Amt eines EU-Präsidenten, falls der in jüngster Zeit unter seiner tätigen Mitwirkung mühsam ausgehandelte europäische Verfassungsvertrag von allen Mitgliedsstaaten gebilligt werden und in Kraft treten sollte.

Die luxemburgischen Verdienste um den europäischen Integrationsprozess wiegen um so schwerer, als sie vom kleinsten Mitglied der Europäischen Union vollbracht worden sind und nicht durch Druck, sondern durch Überzeugungskraft zu Erfolgen gerieten. Und es hat den Anschein, als wenn Luxemburg auch weiterhin Politiker hervorbringen wird, die dem europäischen Einigungsprozess gut tun.

12

BILANZ UND AUSBLICK

Belgien und Luxemburg, das sind zwei Nachbarländer, die eine lange Vergangenheit mit uns teilen. Die Beziehungen zwischen Deutschland und diesen Nachbarn sind nicht immer ohne Komplikationen gewesen, und vor allem in der ersten Hälfte des 20. Jahrhunderts, während der beiden Weltkriege, haben sie geradezu tragische Züge angenommen. Zweimalige Besetzung mit Terror, Leid und Zerstörung, dazu gewaltsame Einverleibungsversuche, das ist die eine Seite der Bilanz des vergangenen Jahrhunderts. Um so erstaunlicher war die Wende nach 1945: Die wechselseitigen Beziehungen normalisierten sich nicht nur, sondern gemeinsam mit dem nördlichen kleineren Anrainerstaat sowie mit den beiden großen Nachbarländern im Süden und im Osten wurden Belgien und Luxemburg mit zu Schwungrädern der europäischen Integration. Und diese stellt eine der ganz großen politischen Leistungen unserer «alten Welt» in den vergangenen Jahrzehnten dar, trotz der Probleme, die sie von Anfang an begleitet haben und noch begleiten.

Die Gründe für diesen Wandel in den Beziehungen zwischen uns und den beiden Nachbarn sind vielfältig. Es sind einerseits die Lehren, die man deutscherseits aus den Irrwegen der jüngeren Vergangenheit gezogen hat, es sind aber auch die alten kulturellen Traditionen beider Länder, die bei aller Verwobenheit mit den unseren wie mit denen Frankreichs doch die Grundlage für ein Selbstbewusstsein bildeten, aus dem heraus man in Belgien wie in Luxemburg nicht von der Position politischer Schwäche her, sondern in der

Gewissheit handelte, dass man die eigenen Erfahrungen bei der Integration verschiedener Sprachgruppen in ein Staatswesen und bei der stetigen Pflege gedeihlicher Beziehungen zu den Nachbarstaaten als positive Errungenschaften in den europäischen Integrationsprozess einbringen konnte. Das Resultat ist, dass Brüssel und die Stadt Luxemburg (neben Straßburg) gewissermaßen zu Hauptstädten Europas geworden sind. Damit verbunden ist die Erkenntnis, dass Orte mit solchen zentralen Funktionen sicherlich besser in kleineren Staaten aufgehoben sind als bei den größeren Mächten.

Angesichts dieser Erfolgsbilanz der belgischen wie der luxemburgischen Außenpolitik ist es schmerzlich, dass sich Belgien als Gesamtstaatswesen offensichtlich in einer großen Krise befindet. Das kleine Königreich war von Anfang an durch die Konflikte zwischen seinen beiden Sprachgemeinschaften belastet: Daraus folgten die Engstirnigkeit zuerst der einen und dann der anderen Seite sowie schließlich der Widerwillen beider, sich positiv aufeinander einzulassen, ja Zweisprachigkeit als einen besonderen Wert bzw. als Gewinn zu erkennen. Infolge der mangelnden Bereitschaft zur wechselseitigen Anerkennung der Sprache und Kultur sowohl durch die Wallonen als auch durch die Flamen entstanden feindliche Fronten, mit bedingt durch die ökonomischen Veränderungen der letzten Jahrzehnte, die anscheinend kaum noch abgebaut werden können. Ein Auseinanderfallen Belgiens scheint im Augenblick fast nur noch dadurch verhindert zu werden, dass man für das zweisprachige Brüssel inmitten des flämischen Sprachgebiets keine Lösung parat hat, falls die beiden größeren Regionen eigene Staaten werden sollten. Denn anders als das in diesem Zusammenhang öfter angeführte Beispiel der Tschechoslowakei, die sich 1992/93 nach dem misslungenen Experiment eines föderalen Staatswesens in eine Tschechische und eine Slowakische Republik mit den Hauptstädten Prag und Bratislava teilte, lassen sich die Regionen Flandern und Wallonien nicht so einfach trennen, eben weil beide Brüssel als ihre Hauptstadt reklamieren. Die einzige Lösung der belgischen Problematik bestünde vielleicht darin, die Föderalisierung des Königreichs so weit voranzutreiben, dass von dem einst zentralisierten Land nur noch ein lockerer Staatenbund bleibt – was Belgien im Übrigen faktisch bereits fast ist. Für einen solchen Fall will übrigens die deutsche Minderheit nicht wieder nach Deutschland zurück (wie das nach dem Ersten Weltkrieg der Fall war), sondern sich lieber dem Großherzogtum Luxemburg anschließen. Am liebsten aber würden die «Deutsch-Belgier», wie sie sich inzwischen bezeichnen, Belgien als Gesamtstaat erhalten.

Dass Luxemburg für die deutschsprachigen Belgier die einzige Alternative zu ihrem Heimatstaat ist, hat seine Gründe. Hier scheint die Welt politisch gewissermaßen in Ordnung zu sein, denn Luxemburg stellt sich dem Betrachter in fast jeder Hinsicht als ein Land dar, das die Probleme der Gegenwart wie die Folgen der Globalisierung oder die massive Zuwanderung von Ausländern gut im Griff hat. Neben der günstigeren wirtschaftlichen Lage spielt dabei die traditionell vernünftige Sprachenpolitik eine wichtige Rolle. Denn bereits im 19. Jahrhundert ging man hier mit den verschiedenen Sprachen im Großherzogtum wesentlich geschickter um. Allerdings waren weder das Deutsche noch das Französische Sprachen, die man wie in Belgien das niederländische Flämische einfach als Bauern- oder Unterschichtenidiome abtun konnte. Von ihrem Dialekt her stärker mit dem Deutschen verbunden, pflegten die luxemburgischen Bildungsschichten dennoch mit Inbrunst das Französische, ganz im Sinne der Erkenntnis des deutschen Gesandten im Großherzogtum nach der Reichseinigung von 1871: «Mit Deutschland führt der kleine Staat eine Vernunftehe, zu Frankreich dagegen unterhält er ein Liebesverhältnis.»[12] Die Integration des Letzeburgischen in das Kulturleben und das Bildungswesen war eine weitere Leistung, weil man dadurch eine gewisse Distanz zu beiden benachbarten Kulturkreisen wahren konnte, mit denen man dennoch eng verbunden blieb.

Es mag an dieser Übung im Umgang mit den inneren Gegensätzen im Land liegen, dass die führenden Politiker Luxemburgs immer wieder bei Streitigkeiten innerhalb der EWG wie später auch der EG und der EU in ebenso geschickter wie souveräner Manier vermittelt haben. Es war daher hoch verdient, dass der 1950 gestiftete Karlspreis der Stadt Aachen im Jahre 1986 dem luxemburgischen Volk in seiner Gesamtheit für seine Verdienste um die Einigung Europas verliehen wurde.

Luxemburg und Belgien – das sind also zwei in vieler Hinsicht ähnliche und doch so unterschiedliche Staaten, beide mit großer Vergangenheit, aber möglicherweise verschiedener Zukunft …

ANHANG

ZEITTAFEL

1369 Philipp der Kühne, ein Sohn des Königs von Frankreich und Herzog von Burgund, erwirbt durch Heirat die Grafschaft Flandern. Seine Nachkommen dehnen ihre Herrschaft nacheinander über Brabant, Holland und Seeland, Hennegau, Namur, Luxemburg und Geldern aus.

1425 Herzog Philipp der Gute gründet die Universität Löwen.

1477 Herzog Karl der Kühne fällt vor Nancy beim Versuch, Lothringen zu erobern, die Habsburger erben die niederländischen Territorien.

1504 Herzog Philipp der Schöne wird König von Kastilien, nach seinem Tod (1506) erhält sein Sohn Karl (*1500) die gesamten Niederlande, wird 1516 König von Spanien (Karl I.) und 1519 zum Kaiser gewählt (Karl V.).

1531 Neuorganisation der Zentralverwaltung für die gesamten Niederlande durch Karl V.

1548 Die niederländischen Provinzen erhalten durch den «Burgundischen Vertrag» einen Sonderstatus innerhalb des Römisch-Deutschen Reiches.

1556 Nach der Abdankung Karls V. wird sein Sohn Philipp II., König von Spanien, Herr über die Niederlande.

1559 Bistumsreform: durch Vermehrung der Bistümer will man die Reformation besser bekämpfen.

1566 Calvinistischer Bildersturm gegen die Kirchen im Land.

1568 Philipp II. entsendet unter dem Oberbefehl des Herzogs von Alba Truppen in die Niederlande, die sich gegen die spanische Herrschaft erheben.

1579 *Union von Arras* (6. Januar): die südlichen Provinzen schließen Frieden mit Philipp II. von Spanien – *Union von Utrecht* (23. Januar): im Gegenzug schließen sich die meisten nördlichen Provinzen zu einem Staatenbund zusammen, der 1581 den spanischen König absetzt und sich zur Republik erklärt.

1598 Philipp II. setzt seine Tochter Isabella († 1633) und deren Mann Erzherzog Albrecht von Österreich († 1621) als Landesherren in den südlichen Niederlanden ein.

1609–1621 Zwölfjähriger Waffenstillstand mit der Republik der Niederlande.

1634–1659 Die Spanischen Niederlande werden in den Krieg zwischen Frankreich und Spanien hineingezogen.

1667–1697 Starke Gebietsverluste an Frankreich im Süden durch die Kriege Ludwigs XIV.

1701–13/14 Im Spanischen Erbfolgekrieg sind die südlichen Niederlande zeitweilig Kriegsschauplatz. Durch den Frieden von Utrecht fallen sie an die österreichischen Habsburger.

1740–1748 Im Österreichischen Erbfolgekrieg werden die südlichen Niederlande erneut von französischen Truppen besetzt.

1789 Aufstand in Brabant gegen die Reformen Kaiser Josephs II.

1790 Zusammentritt des *Congrès souverain des provinces belgiques unies* («Brabantische Revolution», im Dezember durch österreichische Truppen unterdrückt).

1792–1797 Der Krieg Frankreichs gegen Österreich führt 1793 zur Eroberung der südlichen Niederlande («Belgien») und ein Jahr später zu ihrer Einverleibung in das französische Staatsgebiet.

1794–1814 Zeit der Zugehörigkeit *Belgiens* und *Luxemburgs* zu Frankreich.

1814/15 Auf dem Wiener Kongress wird beschlossen, als Gegengewicht gegen Frankreich aus den (nördlichen) *Niederlanden* und *Belgien* das *Königreich der vereinigten Niederlande* unter dem Haus Oranien zu bilden. *Luxemburg,* das den Oraniern gleichfalls zugewiesen wird, gehört dazu und ist zugleich Mitglied des Deutschen Bundes. Seine Hauptstadt wird Bundesfestung und erhält eine preußische Besatzung.

1830 *Belgien* erhebt sich gegen den König der vereinigten Niederlande und erklärt seine Unabhängigkeit. Ein belgischer Nationalkongress wird gewählt, um über die Zukunft des Landes zu beraten.

1831 Eine Botschafterkonferenz der europäischen Großmächte beschließt in London die Unabhängigkeit *Belgiens* vom niederländischen König und zugleich die Neutralität des Landes. Der Nationalkongress arbeitet eine Verfassung aus, die eine parlamentarische Monarchie vorsieht, und wählt im Juni Leopold von Sachsen-Coburg zum König (Leopold I., 1831–1865). Er schwört am 21. Juli seinen Eid auf die neue Verfassung (seitdem belgischer Nationalfeiertag).

1839 «Endvertrag» zwischen den *Niederlanden* und *Belgien*, das von diesen anerkannt wird. Die Provinz Limburg wird geteilt, der westliche Teil Luxemburgs fällt an Belgien. Der Rest des Großherzogtums *Luxemburg* wird bis 1890 in Personalunion vom König der Niederlande regiert.

1847 Ende des «Unionismus» in *Belgien*: Katholiken und Liberale, die bislang gemeinsam regiert haben, gehen fortan politisch getrennte Wege.

1840 Forderungen der Flamen zur Gleichstellung der beiden Landessprachen in *Belgien*.

1842 Beitritt *Luxemburgs* zum Deutschen Zollverein, dem Deutschen Zollgebiet gehört es bis 1918 an.

1848 König-Großherzog Wilhelm II. gesteht *Luxemburg* eine Verfassung mit parlamentarischen Rechten zu.

1856 Die liberale Verfassung *Luxemburgs* wird durch König-Großherzog Wilhelm III. durch eine autoritäre Verfassung ersetzt.

1865 Leopold II. wird König der Belgier († 1909).

1866 Mit dem Ende des Deutschen Bundes nach dem Sieg Preußens über Österreich versucht Kaiser Napoleon III. dem König der Niederlande *Luxemburg* abzukaufen, um es Frankreich anzugliedern. Dies stößt auf den Widerstand Preußens und führt zu einer diplomatischen Krise.

1867 Londoner Botschafterkonferenz beschließt die Unabhängigkeit und Neutralität *Luxemburgs*.

1873 Erste Sprachgesetze in *Belgien* zugunsten der Flamen.

1885 Berliner Kongo-Konferenz: Leopold II. als Souverän eines unabhängigen Kongostaats (in Wahrheit eine Kolonie) anerkannt.

1885 Die neu gegründete Belgische Arbeiterpartei bildet fortan die dritte politische Kraft im Lande.

1890 Nach dem Tod König-Großherzogs Wilhelms III. erlischt die Personalunion zwischen den Niederlanden und *Luxemburg*.
Neuer Großherzog wird der frühere (1866 von Preußen abgesetzte) Herzog Adolf von Nassau.

1898 Das Flämische als zweite Landessprache *Belgiens* offiziell anerkannt.

ab 1903 Kampf um die «Niederlandisierung» der Universität Gent.

1908 Der belgische Staat kauft König Leopold II. die Kongo-Kolonie (nunmehr «Belgisch-Kongo») ab.

1914 Zu Beginn des ersten Weltkriegs Einmarsch deutscher Truppen in *Belgien* und *Luxemburg*. In Belgien Übergriffe auf die Zivilbevölkerung und Brand der Universitätsbibliothek Löwen.

1916 Die deutsche Besetzungsmacht verfügt die Niederlandisierung der Genter Universität.

1917 Auf deutsche Initiative Einberufung eines «Rats von Flandern» mit dem Ziel der Abspaltung Flanderns von Belgien.

1918 *Belgien* und *Luxemburg* von deutschen Truppen befreit.

1919 Die *luxemburgische* Großherzogin Marie Adelaide dankt ab, Nachfolgerin wird ihre Schwester Charlotte (bis 1964). Das Volk votiert für die Beibehaltung der Monarchie. Zugleich wird die parlamentarische Verfassung gestärkt und das gleiche Wahlrecht für Männer und Frauen eingeführt.

1919 Als Folge des Friedensvertrags von Versailles erhält *Belgien* die westdeutschen Landkreise Eupen und Malmedy.

Militärbündnis zwischen *Belgien* und Frankreich.

1921 *Belgien* und *Luxemburg* bilden eine Zoll- und Währungsunion.

1922 Gesetz über die sprachliche Gleichstellung der Flamen und Wallonen in *Belgien*.

1930 Einführung des Niederländischen als alleinige Unterrichtssprache an der Universität Gent.

1934 Der populäre König Albert I. verunglückt tödlich beim Bergsteigen in den Alpen, sein Nachfolger wird Leopold III.

1936 *Belgien* kündigt das Militärbündnis mit Frankreich und kehrt zurück zur traditionellen Neutralitätspolitik.

1939 Leopold III. kritisiert scharf das parlamentarische System und den Parteienhader seines Landes.

1940 Obwohl neutral, werden *Belgien* und *Luxemburg* im Zusammenhang mit dem deutschen Angriff auf Frankreich besetzt. Leopold III. von *Belgien* bleibt im Land, während die Regierung mit der *Luxemburgs* nach London ins Exil geht.

1942 Eingliederung *Luxemburgs* in das «Großdeutsche Reich».

1944 Die Exilregierungen der Niederlande, *Belgiens* und *Luxemburgs* beschließen in London, nach dem Krieg eine Zollunion (Benelux) zu bilden.

1945 *Belgien* und *Luxemburg* in ihrer Gesamtheit endgültig von der deutschen Besatzung befreit.

1948/49 *Belgien* und *Luxemburg* treten dem unter Führung der USA gegründeten Nord-Atlantik-Pakt (NATO) bei.

1950 Krise um die Rückkehr Leopolds III. von *Belgien* aus dem Exil, der die Flamen, nicht aber die Wallonen zugestimmt haben. Der König dankt zugunsten seines Sohnes Baudouin († 1993) ab.

1951 Die *Benelux-Länder*, die Bundesrepublik Deutschland, Frankreich und Italien schließen sich zur «Europäischen Gemeinschaft für Kohle und Stahl» (Montanunion) zusammen.

1952 Die Stadt Luxemburg wird Sitz der «Hohen Behörde» der Montanunion.

1958 Zusammenschluss der sechs Montanunion-Staaten zur «Europäischen Wirtschaftsgemeinschaft»

1958 Kompromiss im seit 1955 andauernden belgischen «Schulstreit»: staatliche und «freie» (kirchliche) Schulen fortan gleichberechtigt.

1960 Die belgische Kongo-Kolonie wird unabhängig.

1963 Gesetz über die Einteilung der Sprachgebiete in *Belgien* und den besonderen Status der zweisprachigen Hauptstadt Brüssel.

1964 Abdankung der Großherzogin Charlotte von *Luxemburg*, Nachfolger wird ihr Sohn Jean (bis 2000).

1968/69 Spaltung der Universität Löwen und der Freien Universität Brüssel jeweils in eine französisch- und eine niederländisch-sprachige Hochschule.

1977 «Egmont-Pakt» zwischen den drei großen Parteien *Belgiens* (Christlich-Soziale, Liberale, Sozialisten) zur Föderalisierung des Landes.

1980 Bildung der drei «Regionen» Flandern, Wallonien und Brüssel mit eigenen Parlamenten und Regierungen. Das zu Wallonien gehörende deutschsprachige Gebiet erhält als Gemeinschaft mit kultureller Autonomie ebenfalls ein Parlament und ein Regierungsorgan.

1981 Gaston Thorn, 1974–1979 Regierungschef *Luxemburgs* wird Präsident der Europäischen Kommission in Brüssel (bis 1985).

1986 Das Volk von Luxemburg erhält für die Verdienste seines Landes um die europäische Integration den Karlspreis der Stadt Aachen.

1993 Die neue Verfassung, die die Föderalisierung *Belgiens* festschreibt, wird vom Parlament verabschiedet.

1993 Nach dem Tod König Baudouins von *Belgien* folgt ihm sein Bruder Albert II. auf dem Thron nach.

1995 Jacques Santer, seit 1984 Regierungschef in Luxemburg, wird Präsident der Europäischen Kommission (bis 1999), Jean-Claude Juncker neuer Ministerpräsident.

2000 Großherzog Jean von *Luxemburg* dankt zugunsten seines Sohnes Henri II. ab.

2000 Bei den Parlamentswahlen in *Belgien* wächst die Zahl der Stimmen für den rechtsradikalen *Vlaams Blok* stark an.

2004 Der *Vlaams Blok* wird gerichtlich verboten und als *Vlaams Belang* (Flämisches Interesse) neu gegründet.

2005 Flämische Wirtschaftsführer plädieren für die Umwandlung *Belgiens* in zwei unabhängige Staaten (Flandern und Wallonien).

2007 Bei den belgischen Parlamentswahlen verliert der seit 1999 mit einer Koalition aus Liberalen und Sozialisten regierende Ministerpräsident Guy Verhofstadt seine Mehrheit.

2007 Nach monatelanger Regierungskrise bildet der christlich-soziale Politiker Yves Leterme eine Übergangsregierung, die innerhalb von drei Monaten zu einer stabilen Koalition führen soll.

2008 Vereidigung der neuen Regierung Leterme. Sie ist bald wegen der künftigen Ausgestaltung des belgischen Föderalismus heillos zerstritten.

2008 Leterme überreicht dem belgischen König sein Rücktrittsgesuch, muss aber im Amt bleiben, weil eine neue Regierungsmehrheit nicht in Sicht ist.

Der Niederländische Raum nach der Teilung von 1831/39

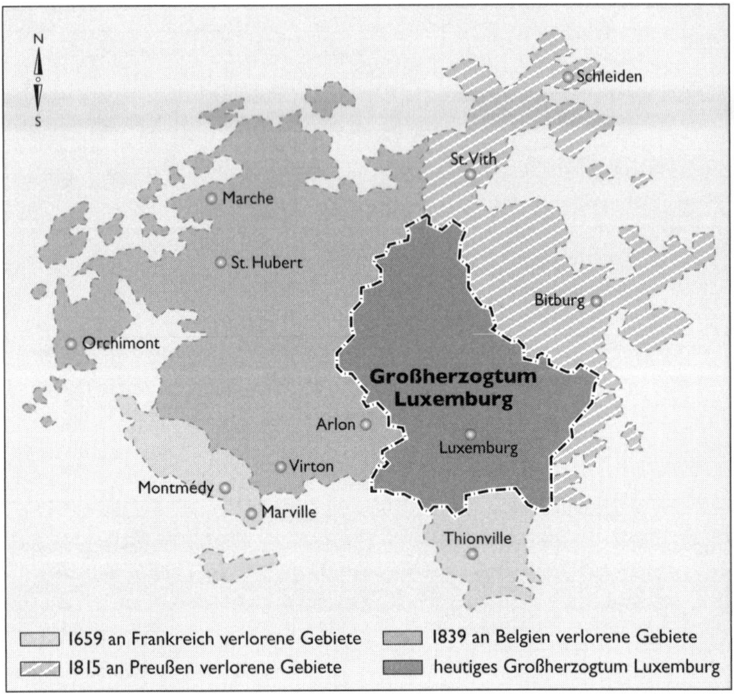

Die Territorialentwicklung Luxemburgs seit dem Mittelalter

Belgische Provinzen und Gemeinschaften

ANMERKUNGEN

1 Gesprochen etwa «Bel-chi-e» (*ch* wie in deutsch *ach*, *i* und *e* getrennt).

2 Die deutschsprachige Bevölkerung, die in den beiden nach dem ersten Weltkrieg an Belgien abgetretenen preußischen Landkreisen Eupen und Malmedy lebt (gegenwärtig rund 75 000 Menschen), war davon nicht unmittelbar betroffen, da sie – nach jahrzehntelangen Assimilationsversuchen der frankophonen Wallonen – 1963 offiziell als eigenes Sprachgebiet anerkannt wurde und erst seit 1973/74 über eine weitgehende kulturelle Autonomie verfügt.

3 Deutlich sichtbar ist dies im Stadtbild an der allenthalben vorhandenen doppelsprachigen Beschilderung von Straßen, Plätzen, Bahnhöfen usw. Auch die Fahrpläne und die Ansagen auf den Bahnhöfen der Eisenbahn sind bzw. erfolgen auf Französisch und auf Niederländisch.

4 Niederländische Ausdrücke werden im Folgenden grundsätzlich in der heute geltenden Rechtschreibung wiedergegeben.

5 Das Wort *vlaams* wurde früher mit einem «Längungs-e» (ähnlich wie im westfälischen Stadtnamen *Soest*) geschrieben, also in der alten Schreibweise *vlaemsch*. Diese Schreibweise ist im Deutschen übernommen worden. Unsere Aussprache des Wortes *flämisch* ist eigentlich unrichtig.

6 Das niederländische Sprachgebiet in seiner Gesamtheit (mit rund 20 Millionen Sprechern in Westeuropa) umfasst demnach das Königreich der Niederlande (ohne Friesland) das nördliche Belgien (mit der Ausnahme der zweisprachigen Hauptstadt Brüssel) sowie dazu in Nordfrankreich die Gebiete um Lille und Dünkirchen (auch Französisch-Flandern [ndl.: *Frans-Vlaanderen*]) genannt.

7 U.a. dichtete er die dritte Strophe seines späteren «Deutschlandlieds» zuerst auf Niederländisch («Enigheid en recht en vrijheid ...»).

8 Die Zählung der Sprachgemeinschaften in Brüssel ist kompliziert, weil es viele zweisprachige Einwohner gibt, hier aber auch viele Ausländer leben. Grob gezählt benutzen rund 68 Prozent der Brüsseler das Französische und etwas mehr als 15 Prozent sprechen allein oder überwiegend Niederländisch. Etwa 16 Prozent sind Ausländer, die weder die eine noch die andere Sprache beherrschen. Das bedeutet, dass von den belgischen Staatsangehörigen rund 18 Prozent niederländischsprachig sind, sich also zur flämischen Sprachgemeinschaft zählen, und 82 Prozent als der frankophonen Sprachgemeinschaft zuzurechnen sind. Die Sitzverteilung im Regionalparlament entspricht in etwa diesen prozentualen Anteilen.

9 Diese Familie führte drei *bursae* (lateinischer Ausdruck für «Geldbeutel») im Wappen (*eu* wird im Niederländischen wie unser *ö* ausgesprochen).

10 Burbach und Eich sind heute Stadtteile von Saarbrücken bzw. Luxemburg; Düdelingen liegt südlich der Hauptstadt des Großherzogtums an der Alzette.

11 *P*rogramme for *I*nternational *S*tudent *A*ssessment. Die Erhebungen über das Wissen fünfzehnjähriger Schüler und Schülerinnen betreffen allerdings nur die Fähigkeiten zu Problemlösungen sowie beim Lesen, außerdem die Kenntnisse in Mathematik und Naturwissenschaft, geben also nur beschränkt Auskunft über Bildung und Wissen insgesamt.

12 Zitiert nach G. Trausch (Hg.), *Histoire du Luxembourg,* Toulouse 2002, S. 236.

LITERATURHINWEISE

Arblaster, Paul: *A History of the Low Countries,* Houndmills/New York 2007.

Delforge, Paul/Destatte, Philippe/Libon, Micheline (Hg.): *Encyclopédie du mouvement Wallon,* 3 Bde., Charleroi 2000–2001.

Deprez, Kas/Vos, Louis (Hg.): *Nationalism in Belgium. Shifting Identities 1780–1995, London 1998 – ndl. Neuausgabe: Nationalisme in België. Identiteiten in beweging 1780–2000,* Antwerpen 1999.

Erbe, Michael: *Belgien – Niederlande – Luxemburg. Geschichte des niederländischen Raumes,* Stuttgart 1993.

Hambloch, Hermann: *Die Beneluxstaaten. Eine geographische Länderkunde,* Darmstadt 1977.

Hecking, Claus: *Das politische System Belgiens,* Opladen 2003.

Ders.: *Das Parteiensystem Belgiens,* in: *Niedermeyer, Oskar/Stöss, Richard* (Hg.), *Die Parteiensysteme Westeuropas,* Wiesbaden 2006, S. 41–65.

Koll, Johannes (Hg.): *Nationale Bewegungen in Belgien. Ein historischer Überblick,* Münster/New York/München/Berlin 2005.

Ders. (Hg.): *Belgien. Geschichte – Politik – Kultur – Wirtschaft,* Münster 2007.

Schrijver, Reginald de u. a. (Hg.): *Nieuwe Encyclopedie van de Vlaamse Beweging,* 3 Bde., Tielt 1998.

Stengers, Jean/Gubin, Éliane: *Les racines de la Belgique,* 2 Bde., Brüssel 2000–2002.

Trausch, Gilbert: *Luxemburg. Opkomst van een staat en natie,* Antwerpen 1989.

Ders.: *Histoire du Luxembourg. Le destin européen d'un «petit pays»,* Toulouse 2003.

Ders. (Hg.): *Le rôle et la place des petits pays en Europe au XXe siècle – Small Countries in Europe. Their role and place in the XXth century,* Baden-Baden/Brüssel 2005.

Wils, Lode: *Histoire des nations belges. Belgique, Flandre, Wallonie. Quinze siècles de passé commun,* Brüssel 2005 – ndl.: *Van Clovis tot Di Rupo. De lange weg van de naties in de Lage Landen,* Antwerpen 2005.

BILDNACHWEIS

akg-images – Archiv für Kunst und Geschichte, Berlin: S. 129
European Community: S. 159
picture-alliance / dpa: S. 56, 93, 108, 118
Public domain: S. 16/17, 136
STAFF/AFP/Getty: S. 157
tdg: S. 33

Karten © Peter Palm, Berlin: S. 171–173, Vorsatzpapiere

Leider war es nicht in allen Fällen möglich,
die Inhaber der Rechte zu ermitteln.
Wir bitten deshalb gegebenenfalls um Mitteilung.
Der Verlag ist bereit, berechtigte Ansprüche abzugelten.

Gestaltung und Satz: a.visus, Michael Hempel, München
Gesetzt aus Stone und Gill
Druck und Bindung: CPI – Ebner & Spiegel, Ulm
Gedruckt auf säurefreiem, alterungsbeständigem Papier
(hergestellt aus chlorfrei gebleichtem Zellstoff)
Printed in Germany
ISBN 978 3 406 57851 9

www.beck.de

Amsterdam
London
Berlin
Brüssel
BELGIEN
Luxemburg
Paris
LUXEMBURG
Wien
Bern
Rom
Madrid